| 초자연적인 삶 |

The Supernatural Man
by Adam F. Thompson

Copyright ⓒ 2013 by Adam F. Thompson

Originally published in English under the title
The Supernatural Man by Destiny Image

P. O. Box 310, Shippensburg, PA 17257-0310 USA

Korean translation Copyright ⓒ 2014 by Pure Nard
2F 774-31, Yeoksam 2dong, Gangnam-gu, Seoul, Korea
The Korean edition is published by Arrangement with Destiny Image
All rights reserved

본 제작물의 한국어판 저작권은 Destiny Image와의 독점 계약으로 한국어 판권은 '순전한 나드'가 소유합니다. 저작권자의 허락 없이 이 책의 일부 또는 전체를 무단 복제, 전재, 발췌하면 저작권법에 의해 처벌을 받습니다.

초자연적인 삶

초판발행 | 2014년 7월 8일

지 은 이 | 아담 F. 톰슨
옮 긴 이 | 이스데반

펴 낸 이 | 허철
편　　집 | 김혜진
디 자 인 | 이보다나
인 쇄 소 | 예원프린팅

펴 낸 곳 | 도서출판 순전한 나드
등록번호 | 제2010-000128
주　　소 | 서울 강남구 역삼2동 774-31 2층
도서문의 | 02) 574-6702 / 010-6214-9129
편 집 실 | 02) 574-9702
팩　　스 | 02) 574-9704
홈페이지 | www.purenard.co.kr

Printed in Korea

ISBN 978-89-6237-164-2　03230

| 추천사 |

    환상, 꿈, 황홀경, 초자연적 방문 등은 주님과 동행하는 영적인 사람들에게는 매우 자연스러운 일이다. 아담 F. 톰슨은 측량할 수 없는 하나님의 초자연적 왕국을 발견하도록 당신을 인도한다. 그의 간증은 당신의 믿음을 격려하고, 당신의 영혼을 흔들어 기적적인 환상을 보도록 도울 것이다. 그는 이 책에서 하늘의 것을 이 땅에 풀어내는 계시적인 원리들을 제시할 것이다. 당신은 하나님의 음성을 들을 수 있으며, 당신의 인생을 향한 그분의 뜻을 알 수 있다. 당신은 하나님의 예언적 말씀을 당신의 삶을 향해 선포할 수 있다. 당신은 아직 온전히 구속 받지 못한 자연계에서 초자연적인 삶을 사는 복을 누릴 수 있다. 이 책은 매우 강력한 영적 촉매제이다. 나는 이 책을 읽는 동안 당신이 놀라운 임파테이션을 경험할 것이라고 믿는다.

    조슈아 밀즈
    《시간 & 영원》,《거룩한 흐름, 분위기》의 저자

수년간 아담과 함께 사역하면서, 나는 그가 천국의 현실을 집회 가운데로 가져오는 것과 그로 인해 영적 분위기가 바뀌는 것을 여러 차례 목격하였다. 나는 그가 말씀을 전할 때마다 귀를 쫑긋 세우고 하나님의 보좌로부터 오는 음성을 듣는다. 그는 하나님을 기다리는 중에 지식의 말씀을 듣고, 사역 중에 하나님께서 주시는 환상을 본다. 이 책에서 그는 자신이 사역을 시작하게 된 과정과 천국의 계시를 어떻게 이 땅에 풀어내는지에 대하여 나눌 것이다. 당신이 주님을 위해 '이보다 더 큰 일'(요 1:50)을 하기 원한다면, 초자연적 돌파를 통해 치유와 구원을 경험해야 한다. 이 책은 반드시 읽어야 할 책이다.

아드리안 빌
《당신의 꿈과 환상을 풀어주는 하나님의 암호》(*The Divinity Code to Understand Your Dreams and Visions*)의 공동저자

| 목차 |

4_ 추천사

8_ 서문

Chapter 1 나의 이야기 — 11
Chapter 2 초자연적 지혜 — 19
Chapter 3 하나님께 붙들린 삶 — 27
Chapter 4 꿈과 환상 — 37
Chapter 5 그리스도 안에서의 정체성 — 53
Chapter 6 하늘에 속한 것들 — 67
Chapter 7 성화된 생각 — 79
Chapter 8 초자연적으로 살기 — 97
Chapter 9 믿음으로 승리를 선포하라 — 127
Chapter 10 천국의 시민권 — 145

150_ 간증

| 서문 |

하나님의 계획은 그분께 속한 사람들을 통하여 이 땅에 하늘의 왕국을 건설하고 확장하는 것이었다. 지구는 천국에 존재하는 하나님 왕국의 확장으로서 창조되었다. 에덴동산은 지구상의 천국이었다. 그곳은 천국의 초자연적인 힘이 자연 세계 안에 표현된 곳이다. 그러나 우리가 아는 바와 같이 인간은 타락했고, 그로 인해 하나님과의 연합이 끊어졌다. 그럼에도 불구하고, 초자연적 세계로 들어가는 법적인 문은 열려 있다. 예수 그리스도의 보혈로 하나님과 연합이 가능한, 언제든지 천국의 초자연적 세계로 들어갈 수 있는 문이 열린 것이다.

오늘날 많은 지도자들이 생명력 없는 원리만을 강조하며 기독교를 냉랭하게 만들었다. 그 결과 교회는 무기력하고 공감능력이 떨어지는 곳이 되고 말았다. 우리에게 주어진 위임명령은 주일 아침

설교를 통한 전형적인 방식과는 많이 다르다. 주님께서는 우리에게 이렇게 기도하라고 하셨다. "나라가 임하시오며 뜻이 하늘에서 이루어진 것 같이 땅에서도 이루어지이다"(마 6:10). 하나님의 뜻이란 무엇인가? 하나님의 나라가 이 땅에 임하는 것이다. 교회의 위임명령은 무엇인가? 하나님의 나라가 이 땅에 실현되는 것이다. 이것이 어떻게 가능할까? 하나님의 나라를 일궈내기 위해 하늘에 속한 사람이 됨으로써 가능하다.

이 책은 영의 세계를 경험한 이들의 간증과 천국 왕국의 열쇠, 영의 세계를 여는 임파테이션, 초자연적 삶에 대한 내용들을 담고 있다. 아담 F. 톰슨의 책을 통하여 초자연적인 삶, 꿈, 환상, 예언, 기적, 그리고 여러 능력의 증거들이 당신의 삶의 일부가 되기를 바란다. 이제 자기만족과 생명력 없는 전통을 벗어던지고 하나님의 왕국을 기경하여 이 땅에 하나님의 나라가 오도록 할 때가 되었다.

제프 잰슨

《압도적인 영광의 소리》, 《영광의 사역》, 《임재의 처소로 나아가기》의 저자

CHAPTER

나의 이야기

CHAPTER 1
나의 이야기

    내가 나의 삶을 주님께 드리고 거듭난 것은 1986년의 일이다. 그로부터 2년 후 성경학교에 들어갔지만, 다른 이들이 그렇듯이 졸업과 동시에 나의 믿음은 온데간데없이 사라져 거듭나기 이전의 삶을 반복하고 있었다. 하나님에 대한 많은 지식을 배우고 쌓았지만, 초자연적인 삶을 살지는 못했기 때문이다. 나는 1989년에 아름다운 여인 파울라와 결혼하였다. 그 후 비즈니스 세계에 발을 들이면서 바빠졌고, 그 결과 성공한 사업가로서 부와 명성을 얻었다. 광고회사를 소유하였고, 인쇄회사를 파트너로서 경영하였다. 또한 주택건설회사와 금융회사의 디렉터와 주주로 활동하였다.

    시간이 지날수록 나는 점점 일중독자가 되어 말 그대로 1주일 내내, 하루에 15시간을 꼬박 일하였다. 내가 사무실에 가지 않는 유일한 시간은 습관을 따라 교회에 나갔던 주일 오전뿐이었다. 나는 겉으로는 헌신된 그리스도인처럼 보였지만, 실상 나의 마음은 하나님으로부터 멀어져 있었다. 주님께서는 씨 뿌리는 자의 비유를 통해 다음과 같이 말씀하셨다. "더러는 가시떨기 위에 떨어지매 가시가 자라서 기운을 막았고"(마 13:7). 여기서 가시떨기란 재물로부터 오는 기만 또는 부정직성을 가리키는데, 이것이 바로 나에게 해당되는 말이었다. 비즈니스 세계에 몸담은 나의 인생은 그렇게 꼬이고 복잡해져갔다.

1998년, 우울증의 어두운 그림자가 내 인생을 덮쳤다. 나는 어떻게 손대야 할지도 모르는 곤란한 상황 속에서 직원들과 마찰을 빚기 일쑤였다. 나와 관련된 모든 관계들이 무너지고 있었다. 심지어 아내와의 관계에도 문제가 생겨 이혼 직전까지 가게 되었다.

그해 11월 어느 월요일 밤 11시경이었다. 늘 그렇듯이 나는 일을 마치고 늦게 귀가하였다. 가족들은 모두 잠들어 있었고, 나는 휴식을 취하기 위해 TV를 켜고 채널을 CNN(미국의 대표적인 방송뉴스매체 - 역자)으로 돌렸다. 당시만 해도 호주에서 CNN채널을 본다는 것은 어느 정도의 지위의 상징처럼 여겨졌다. 때마침 TV에서는 매춘으로 발각되어 체포된 어느 타락한 방송설교자에 대한 뉴스가 보도되고 있었다. 그는 이미 80년대에 같은 사건으로 체포된 적이 있었고, 이번이 두 번째였다. 호주 매체에서 보도하는 뉴스는 아니었지만, 이 소식은 이미 CNN이라는 공중파를 타고 있었다. 이 소식은 황금시간대에 편성되어 그의 화려한 명성은 갈기갈기 찢겨져나갔다.

이를 보면서 나는 독선적인 태도로 분노를 발하였다. 나의 마음은 하나님을 향한 적의로 가득 찼다. 이런 사람들이 하나님을 조롱하고 있을 때, 도대체 하나님은 무얼 하고 계신 것인지 따진 것이다. 나는 소리를 질렀다. "하나님, 어디에 계시나요? 주님 과연 어디에 계십니까? 저들이 지금 당신을 조롱하고 있습니다. 저 사람은 당신을 구경거리로 취급하고, 세상이 당신을 오해하도록 만들고 있습니다. 이런 일이 일어나는데도 도대체 당신은 어디에 계신 건가요?"

잠시 숨을 돌린 나는 더 크게 소리를 질러대며 같은 질문을 반복했다. "주님, 이러한 사건 앞에 당신은 왜 침묵하시는 건가요? 저 사람들의 조롱소리가 들리지 않으시나요?" 나는 몹시 기분이 상하여 TV를 꺼버렸다. 그리고 리모컨을 소파 위에 던졌다. 지금 생각해보면, 나에게는 하나님의 사람들을 판단할 아무런 권리가 없었다는 것을 깨닫는다. 당시 나의 삶은 자기의(self-righteous)와 독단적 태도로 점철된 일종의 난파선과 같았다.

⋮

우울증의 어두운 그림자가 내 인생을 덮쳤다.

⋮

소파에 누웠다가 잠이 쏟아지려고 하는데, 갑자기 '쿵' 하는 소리가 들렸다. 일어나 주방으로 걸어가면서 "누구니?"라고 말했다. 아이들이 깼으려니 생각했기 때문이다. 그러나 아무런 대답도 들리지 않았고, 아무도 없었다. 가족들은 깊은 잠에 빠져 있었다.

거실로 돌아와서 다시 소파에 누우려고 하는데, 갑작스럽게 몸에 진동이 오기 시작하였다. 그리고 하나님의 임재가 강하게 느껴졌다. 그 느낌은 시간이 지날수록 더 강해졌다. 내 몸은 글자 그대로 벌벌 떨렸고, 헉헉대며 간신히 숨을 쉬고 있었다. 하나님의 임재는 더 강해져 거실을 가득 채웠다. 결국 나는 무릎을 꿇고 말았다. 내 몸 위에 임한 압력이 너무 강해서, 당장 죽을 것 같았다.

그 압력은 점점 더 강해져서 나를 바닥으로 고꾸라뜨렸다. 임재에 압도된 내가 할 수 있는 일이라고는 그동안 지은 죄를 고백하는 것뿐이었다. 살아 계신 하나님을 향한 두렵고 떨리는 마음이 내 안에 가득했다. 그분의 임재는 너무 강렬하여서 마치 야구장의 조명이 쏟아지는 듯하였다. 그 빛들은 매우 밝았고, 갑작스럽게 침범해 들어와 내 정신을 빼놓았다.

나는 주님이 보여주시는 대로 계속하여 내 죄를 회개하였다. 그 중에는 전혀 생각지 못한 것도 있었는데, 바로 점성술에 관한 것이었다. 나는 주일 아침이면 신문 뒷면에 있는 별자리 운세를 읽곤 했다. 그런데 그것이 얼마나 큰 죄인지 깨닫게 된 것이다. 압도적인 임재 속에서 나는 계속해서 헐떡거리며 정신없이 회개하였다. 그러다가 어느 순간 차분해지기 시작하면서 몸에 평안함이 스며들었다. 동시에 머리를 움직일 수 없었고, 몸통은 마룻바닥 위에 얼어붙은 것만 같았다. 하지만 그 영광스런 빛은 여전히 나를 조명하고 있었다.

나는 엎드려져 곁눈질로 위쪽을 훑어보았는데, 무언가가 있는 듯했다. 특정한 인물을 본 것은 아니었지만, 나로부터 2미터 정도 떨어진 곳에 흔들거리며 타는 불꽃이 보였다. 불꽃을 자세히 바라보니, 그 안에 누군가가 서 있는 것이 보였다. 바로 주님이셨다! 나는 소리내어 울지는 않았지만, 눈가에서는 이미 눈물이 줄줄 흐르고 있었다. 잠시 후, 카펫 위가 눈물로 흥건히 적셔졌다. 그때 나의 영혼을 관통하는 목소리가 들려왔다. "그래, 내가 여기 있단다. 무엇을 해줄까?" 그분이 주님이신 것에는 의심이 없었다. 분위기는 너무나 거룩하고 진실했다.

:
살아 계신 하나님을 향한 두렵고 떨리는 마음이 내 안에 가득했다.
그분의 임재는 너무 강렬하여서
마치 야구장의 조명이 쏟아지는 듯하였다.
:

주님의 음성이 들려왔을 때, '더 많은 재물을 구하면 어떨까?' 하는 생각이 스쳐 지나갔다. 하지만 많은 재물이 나를 행복하게 해주지 못했음을 알고 있었다. 그리고 이미 많은 돈을 벌지 않았던가! 순간 나의 삶을 돌아보자니, 내가 기대하고 바라는 대로 돌아가지 않는 문제덩어리였다. 그래서 주님께 말했다. "주님, 지혜를 원합니다." 나는 계속해서, "지혜를 주세요, 지혜를 주세요"라고 반복해서 간구했다. 그리고 이것이 더 간절해져서 나는 급기야 소리를 지르고 말았다. "솔로몬에게 주셨던 그 지혜의 갑절을 얻기 원합니다!" 그런데 그 말을 마치기 무섭게 주님이 사려지셨다. 내 호흡은 아직까지 헉헉거렸지만, 모든 것이 평범한 일상으로 돌아온 듯하였다. '주님이 사라지셨어. 내가 잘못 구한 것일까?'

나는 혼란스러웠다(실제로 정신이 몽롱하기도 했다). 나는 파울라를 깨우기 위해 침실로 뛰어갔다. 방금 거실에서 하나님을 실제로 보았다고 이야기하고 싶었기 때문이다. 하지만, 한밤중에 잠자다가 누군가 깨운다면 그것은 그다지 기분 좋은 일이 되지 못한다. 게다가 하나님을 보았다며 흥분한 남자의 이야기를 들어주기는 더욱 그럴 것이다. 나는 조용히 침실을 빠져나와 성경책이 어디 있는지 찾았다. 그리고 재빨리 다음의 구절을 찾아 읽었다.

> 하나님이 솔로몬에게 이르시되 이런 마음이 네게 있어서 부나 재물이나 영광이나 원수의 생명 멸하기를 구하지 아니하며 장수도 구하지 아니하고 오직 내가 네게 다스리게 한 내 백성을 재판하기 위하여 지혜와 지식을 구하였으니 그러므로 내가 네게 지혜와 지식을 주고 (대하 1:11-12)

순간 손에 힘이 빠지면서 성경책이 떨어졌다. 나는 그만 엉엉 소리 내어 울기 시작했다. 그날 밤, 나는 전혀 기대하지 못한 놀라운 임파테이션을 경험한 것이다.

CHAPTER

초자연적 지혜

CHAPTER 2

초자연적 지혜

　다음날 나는 주방에 있던 파울라의 뒷전에서 눈치를 살피며 어슬렁거렸다. 전날 밤의 경험 때문에 몹시 흥분되어 있었던 나는 "여보, 주님께서 나에게 지혜를 주셨어!"라고 말했다. 그 체험으로 인해 나는 약간 들뜬 상태였다. 주님께서 내 앞에 나타나셔서 솔로몬 왕에게와 같이 나에게도 지혜를 주셨다는 일종의 자만심이 고개를 든 것이다. 나는 다시 파울라에게 말했다. "여보, 이게 무슨 뜻인지 알기나 해? 이건 대단한 사건이야!" 그러나 파울라는 내 말을 들으려 하지 않았다. "여보, 하나님이 나에게 지혜를 주셨다니까!" 파울라는 별다른 반응이 없었다. 앞에서 말했듯이 당시 나와 파울라와의 관계에는 문제가 많았다. 그런데 내가 뜬금없이 솔로몬 왕과 같이 지혜를 얻었노라고 이야기한 것이다.

나는 자신감으로 충만하여 직장으로 출근하였다. 그리고 모든 직원들을 불러 모았다. "여러분, 집중해주세요. 어젯밤 하나님이 나타나셔서 나에게 지혜를 주셨습니다!" 직원들은 '저 사장이 드디어 미쳐가는구나'라고 생각하는 듯했다. 나는 아랑곳하지 않고 반복해서 말했다. "하나님이 나에게 지혜를 주셨어요. 여러분, 적어놓으시기 바랍니다. 하나님이 나에게 지혜를 주셨다고요." 직원들은 도무지 이해할 수 없다는 듯한 표정으로 나를 쳐다보았다. 이제 나는 그들에게 정신 나간 사장이 된 것이다.

그로부터 2주 정도가 지났을 때, 나는 업무와 관련해서 이전에 전혀 해보지 않은 매우 어리석은 결정을 내렸다. 그런 나에 대해 직원들은 조롱하는 듯한 태도를 보였다. 나는 골똘히 생각해보았다. "하나님, 당신이 나에게 말씀하셨음을 분명히 믿습니다. 그런데 왜 아무 일도 일어나지 않는 거죠?" 나는 마치 영화 '덤 앤 더 머'(Dumb and Dumber, 짐 캐리가 바보 역할을 맡은 코미디 영화로 주로 바보 같은 콤비를 일컫는 데 자주 사용됨 - 역주)의 주인공과 같았다. 나의 결정능력은 시간이 갈수록 더 나빠지고 있었다.

그렇게 6개월이 지났다. 그즈음 나는 하나님을 추구하며 진중하게 기도했다. 그때처럼 하나님이 나타나셔서 직접 말씀해주시기를 간절히 바라고 있었다. 나에게는 돌파구가 필요했다. 물론 지금은 우리가 이미 계시적인 영역(revelatory realm)을 뚫고 들어와 그 영역 안에 거하고 있음을 믿고 있다. 그것은 다름 아닌 십자가에서 완성된 역사를 통해 이미 일어난 사건이며, 우리는 언제든지 이러한 돌파를 경험할 수 있다. 그렇지만 당시에는 이 교리를 잘 몰랐다. 나는 그저 "주님, 나에게 복을 내려주세요. 나는 돌파구가 필요해요"라고 기도하였다. 나는 기도방에 들어가 바닥에 누운 채로 책상 다리를 붙잡고 간절한 마음으로 기도하였다. "주님, 나에게 복주시기 전까지 절대로 이 다리를 놓지 않겠습니다." 이러한 기도가 몇 시간 동안 지속되었고, 하나님께서 나의 기도에 감동하셨는지 극도의 기쁨이 나를 압도함과 동시에 주님의 초자연적인 만져주심을 경험하였다.

나는 하나님을 추구하며 진중하게 기도했다.
그때처럼 하나님이 나타나셔서 직접 말씀해주시길 간절히 바라고 있었다.
나에게는 돌파구가 필요했다.

그 기쁨은 말로 표현할 수 없었다. 그것은 이전에 경험해보지 못했던 영적 체험이었다. 나는 기도방에 갈 때마다 기쁨의 방언이 터져나옴과 동시에 그야말로 몇 시간을 시간 가는 줄 모르고 바닥에서 데굴데굴 굴렀다. 도대체 나에게 무슨 일이 일어나고 있는 것인지 알 수 없었다. 아내인 파울라도 당황하긴 마찬가지였다. 당시 하나님의 강한 능력이 나를 지배하였다. 그분의 기름부음 가운데 통제할 수 없는 웃음이 계속되었다. 나중에 가서야 이러한 현상이 토론토 블레싱과 그 운동의 핵심인물인 로드니 하워드 브라운과 연관되어 있음을 알게 되었다. 그곳의 사람들도 나와 같은 기름부음을 경험하고 있었던 것이다.

나는 이것이 내가 은밀하게 기도했던 기도방과 같은 곳에서만 일어나는 현상이라고 생각했다. 이러한 현상이 다른 곳에서도 일어나고 있다는 것을 전혀 상상도 못한 것이다. 물론 하나님은 기도방과 같은 은밀한 곳에서 역사하신다. 그렇지만 하나님은 어디서나 언제든지 이러한 기름부음을 허락하실 수 있다. 하나님의 이러한 충만한 임재를 경험하기 위해 우리가 할 수 있는 일은 단지 하나님만 바라보고 그분을 영과 진리로 예배하는 것이다. 예수님은 우물가에서 만난 사마리아 여인에게 이렇게 말씀하셨다.

> 아버지께 참으로 예배하는 자들은 영과 진리로 예배할 때가 오나니 곧 이때라 아버지께서는 이렇게 자기에게 예배하는 자들을 찾으시느니라 하나님은 영이시니 예배하는 자가 신령과 진정으로 예배할지니라 (요 4:23-24)

나는 파울라에게 "당신이 그 방에 들어간다면, 틀림없이 한 시간 아니 그 이상 동안 쓰러져서 웃게 될 거야"라고 말하였다. 그럴 때마다 그녀는 "난 절대로 그 방에 들어가지 않을 거예요!"라고 대답했다. 웃음의 기름부음은 계속되어, 어느 날 파울라의 친구들이 집에 놀러왔을 때에도 그치지 않았다. 정신 나간 사람의 웃음소리 같은 소리가 나의 기도방에서 흘러나온 것이다. 그것은 '이 집에서 무슨 일이 일어나고 있는 거지?'라는 의문과 염려를 불러일으키기에 충분한 일이었다. 당황한 파울라는 나를 피하면서 그냥 아무것도 아니라는 태도를 보였다. 그녀는 늘 기도방을 멀리하였는데, 사실 뭐라고 비난할 수도 없는 일이었다. 이러한 현상은 그녀에게도 완전히 생소한 것이었으니 말이다.

나중에 알게 된 일이지만, 하이디 베이커가 토론토에 가기 전까지는 자신의 노력으로 수고하고 애씀으로 간신히 사역을 유지하였다고 한다. 하지만, 토론토에서 성령님의 강력한 만지심을 경험한 후에는 완전히 달라졌다. 당시 그녀는 1주일 동안 휠체어에 의지해야만 했는데, 하나님의 강한 임재에 눌려 두 다리로 일어설 수 없었기 때문이다. 그녀는 부인할 수 없는 영적 변혁을 체험하였다. 그 이후, 그녀는 열정적인 사역으로 수천 개의 교회를 세웠다. 이것은 하나님의 영광을 드러내는 위대한 간증이 아닌가! 그 경험으로 인해 그녀의 사역에 진정한 열매가 맺힌 것이다. 나 또한 그러한 영적 경험 가운데 있었다. 나는 방언과 웃음을 멈출 수가 없었다.

나중에 주님께서 그 현상에 대해 가르쳐주셨을 때 깨닫게 된 것은, 하나님이 주신 지혜는 하늘의 지혜이지 우리가 보통 이해하는 세상적인 지혜를 말하는 것이 아니라는 점이다. 즉, 지적으로 명석한 천재가 되는 것이 아니라, 초자연적인 지혜를 얻게 되는 것을 말한다.

> 심판의 때에 남방 여왕이 일어나 이 세대 사람을 정죄하리니 이는 그가 솔로몬의 지혜로운 말을 들으려고 땅 끝에서 왔음이어니와 솔로몬보다 더 큰이가 여기 있으며 (눅11:31)

이것은 예수님께서 그분 자신에 대해서 하신 말씀이다. 우리가 성령세례를 받아 하나님의 임재 가운데 완전히 적셔지고 변화될 때, '솔로몬보다 더 크신 분'이 우리 가운데 거하시며 우리에게 지혜와 계시적 지식을 주신다.

> 지적으로 명서한 천재가 되는 것이 아니라
> 초자연적인 지혜를 얻게 되는 것을 말한다.

당시에는 하나님께서 나에게 꿈과 환상을 해석하는 은사를 주셨다는 것을 몰랐지만, 나에게 있어서 깨달음과 발견의 시간은 매우 흥미로웠다. 구약의 인물 중 다니엘에게는 하늘의 신비를 이해하는 지혜가 있었다.

> 하나님이 이 네 소년에게 학문을 주시고 모든 서적을 깨닫게 하시고 지혜를 주셨으니 다니엘은 또 모든 환상과 꿈을 깨달아 알더라 왕이 말한 대로 그들을 불러들일 기한이 찼으므로 환관장이 그들을 느부갓네살 앞으로 데리고 가니 왕이 그들과 말하여 보매 무리 중에 다니엘과 하나냐와 미사엘과 아사랴와 같은 자가 없으므로 그들로 왕 앞에 서게 하고 왕이 그들에게 모든 일을 묻는 중에 그 지혜와 총명이 온 나라 박수와 술객보다 십 배나 나은 줄을 아니라 (단 1:17-20)

스데반은 바로 왕 앞에 서서 놀라운 은총과 지혜로 꿈을 해석해준 요셉에 대하여 다음과 같이 말하였다. "애굽 왕 바로 앞에서 은총과 지혜를 주시매"(행 7:10). 이 지혜는 세상이 주는 지혜가 아니라 하나님의 신비를 이해하고, 계시적 영역 안으로 인도하며, 하늘의 현실을 붙잡게 하는 초자연적인 지혜이다.

우리도 이 지혜를 얻을 수 있다. 이 계시의 일부는 당신이 누구인지, 예수 그리스도 안에서 당신의 정체성이 무엇인지를 아는 데 있다. 그것이야말로 우리 안에 계신 영광의 소망이신 그리스도(골 1:27)를 아는 지혜와 지식의 영역인 것이다. 이 실재를 더욱 깊이 이해하기 원한다면, 요한복음 17장을 묵상하기 바란다.

CHAPTER

하나님께 붙들린 삶

CHAPTER 3

하나님께 붙들린 삶

　초자연적인 경험을 한 후 다양한 은사가 나타났고, 나에게 예언자적 부르심이 있음을 깨닫게 되었다. 계속되는 방언을 멈출 수가 없었으며, 내가 새로운 영적 성장의 단계에 있다는 것이 분명해졌다. 당시 성령세례와 방언이 매우 강하게 임하였는데, 이것은 나에게 존재의 이유가 되어버렸다. 오늘날 기독교 안에서 방언에 대한 논란이 끊이지 않고 있다. 나는 원수가 신앙인들로 하여금 이 은사에 대해 모호한 입장을 취하게 하여 혼란을 부추기고 있다고 믿는다. 성도들이 이 은사를 사용하여 승리하는 삶을 사는 것을 몹시 두려워하기 때문이다.

　하나님은 한 영으로부터 오는 다양한 방언을 허락하신다. 즉, 모든 방언은 성령님으로부터 온다. 사도 바울은 "방언을 말하는 자는 자기의 덕을 세우고 예언하는 자는 교회의 덕을 세우나니"(고전 14:4)라고 말하였다. 방언은 자기의 덕을 세우는 것으로, 원한다면 얼마든지 오래도록 사용할 수 있는 은사이다. 공적 예배를 위한 방언도 있는데, 이 방언은 예언의 해석을 위한 것들로 주로 은사중심적인 교회들 안에서 경험되고 있다.

> 그런즉 형제들아 어찌할까 너희가 모일 때에 각각 찬송시도 있으며 가르치는 말씀도 있으며 계시도 있으며 방언도 있으며 통역함도 있으니 모든 것을 덕을 세우기 위하여 하라 (고전 14:26)

또한 중보기도를 위한 방언도 있다.

> 이와 같이 성령도 우리 연약함을 도우시나니 우리가 마땅히 기도할 바를 알지 못하나 오직 성령이 말할 수 없는 탄식으로 우리를 위하여 친히 간구하시느니라 마음을 살피시는 이가 성령의 생각을 아시나니 이는 성령이 하나님의 뜻대로 성도들을 위하여 간구하심이니라 (롬 8:26-27)

중보기도는 나 자신과 이웃을 위한 것이다. 방언은 또한 불신자들에게 하나의 증거로서 사용되기도 한다. 어떤 이에게는 사역이나 설교 중에 방언이 임하고, 어떤 이는 전혀 배워본 적이 없는 외국어를 또렷한 언어로(방언으로) 받기도 한다. 어떤 사람은 방금 방언으로 어떤 기도를 했는지 그 의미를 분명하게 이해하기도 한다.

한번은 시애틀에 갔을 때 '라마 쑥카'라는 말이 입에서 터져 나오기 시작하여 플로리다까지 가는 여정 내내 계속되었다. 한 메시아닉 교회(유대교인 가운데 예수님을 메시아로 믿는 회중들의 교회- 역주)에서 어느 유대인 여성이 나에게 다가오더니 내가 한 말이 무슨 뜻인지 알고 있는지 물었다. 내가 모른다고 하자, 그녀는 '라마 쑥카'(Ramah Sukkah)가 히브리어로 '나는 성막에 있었다' 혹은 '나는 높은 곳에 있었다'라는 의미라고 말해주었다. 이 사건은 그녀에게 하나의 표징이 되어 우리가 증거했던 모든 가르침을 사실로 믿게 되었다.

⋮

오늘날 기독교 안에서 방언에 대한 논란이 끊이지 않고 있다.
나는 원수가 신앙인들로 하여금 이 은사에 대해 모호한 입장을 취하게 하여
혼란을 부추기고 있다고 믿는다.
성도들이 이 은사를 사용하여 승리하는 삶을 사는 것을
몹시 두려워하기 때문이다.

⋮

나는 내 인생을 향한 하나님의 온전한 뜻을 원했다. 방언으로 말함이 어떠한 의미인지에 대한 분명한 깨달음이 임하면서, 나는 그동안 경영해온 모든 비즈니스를 내려놓기로 결정하였다. 주님이

인도하시는 곳으로 가서 방언으로 기도하기 위해서였다. 물론 은사를 받았다고 해서 모두 나처럼 해야 된다는 말은 아니다. 감사하게도 나에게는 사업을 대신 맡아줄 경영팀이 있었다. 그들이 있었기 때문에 재정적인 어려움이 없이 사역을 할 수 있었다. 나는 2년 동안 거리를 돌아다니면서 매일 6시간씩 1주일에 5일을 방언으로 기도하였다. 당시 이러한 사역을 통해 하나님을 섬기는 것에 대한 열정이 내 안에서 불처럼 타올랐다. 사실 나 자신을 위해 사는 삶은 더 이상 의미가 없었다. 나의 삶 가운데 역사하시는 하나님의 온전하신 뜻이 이루어지는 것이 무엇보다 중요했다. 나에게 있어서 방언으로 쉬지 않고 기도하는 것은 그리 어려운 일이 아니었다.

그런데 돌아보면, 조금 더 지혜롭게 사역할 수도 있지 않았을까 하는 아쉬움도 있다. 사실, 사회적 교감에 대한 나의 생각이 부족했음을 고백한다. 당시 나는 다른 사람들의 반응에 대해서 아랑곳하지 않았다. 상상해보라. 쇼핑센터 계산대에 서 있는 사람들 앞에서 보란 듯이 방언을 쏟아내고 있는 나의 모습을 말이다. 그들이 보기에 나는 완전히 제정신이 아닌 사람이었다.

나는 당신에게 "당신의 인생을 향한 하나님의 온전하신 뜻을 정말로 원하는가?"라고 묻고 싶다. 그러면 당신은 아마도 "그렇다"고 대답할 것이다. 그렇다면 나는 당신에게 방언을 하라고 제안하고 싶다. 처음에는 방언을 하는 것이 자기의 덕을 세우는 것이 된다. 그리고 얼마 가지 않아 방언은 당신의 인생을 위한 중보기도로 확장될 것이다. 우리가 앞서 로마서 8장의 말씀을 읽었듯이 성령님은 우리를 위하여 중보하시는 분이기 때문이다. 방언은 완전한 기도이며, 성령님은 우리를 위해 직접 하늘의 아버지께 기도하신다. 방언으로 기도할 때 당신의 인생을 막고 있는 어떠한 장애물도 제거될 것이며, 당신은 하나님의 온전하신 뜻 가운데 놀라운 변화를 경험하게 될 것이다.

> 2년 동안 거리를 돌아다니면서 매일 6시간씩 1주일에 5일을 방언으로 기도하는 것이 나의 사역이었다.

 그렇다고 당신에게 매일 6시간씩 길거리에서 방언하라는 것은 아니다. 당시 나는 모든 것을 정리하고 오직 하나님의 인도하심만을 따르기로 결심했기 때문에 그렇게 할 수 있었다. 따라서 이것은 나에게만 적용되는 것임을 말하고 싶다. 나는 무언가를 시작하면, 그것에 내 자신을 완전히 내던지는 유형의 사람이기 때문에 더욱 그랬다.
 그동안 나의 가르침을 받고 놀라운 변화와 변혁을 경험한 사람들이 많다. 그들은 성령 안에서 하루에 한두 시간 정도 방언으로 기도하였다. 오늘날 많은 사람들이 운전하며 차 안에서 많은 시간을 보내는 편인데, 이 시간이야말로 홀로 방언으로 기도할 수 있는 절호의 기회라고 할 수 있다.

처음 방언으로 기도하다 보면, 무슨 말인지 모르기 때문에 마음이 공허해질 수 있다. 그럴 때는 설교나 찬양을 함께 듣거나 하나님의 임재 가운데 적셔지도록 주님께 도움을 요청할 수 있다. 만약 당신이 적어도 하루에 한두 시간 방언하는 훈련을 지속한다면, 3개월 후에는 당신의 인생과 영이 하나님을 향해 움직이는 것을 감지하거나 보게 될 것이다. 또한 하나님께서 그분 자신을 당신에게 드러내 보이실 것이다. 우리는 성령님과 함께 동행하라는 부르심을 받았다. 바로 이것이 나의 인생을 바꿔놓았다.

나는 여기서 지난 10년간 하나님께서 나의 삶 가운데 행하신 일에 대해 나누기 원한다. 그런데 이것은 나의 공로를 자랑하기 위함이 아니다(갈 6:14). 나는 나의 좋은 벗인 아드리안 빌과 함께 《당신의 꿈과 환상을 풀어주는 하나님의 암호》(The Divinity Code to Understand Your Dreams and Visions)라는 책을 저술하였다. 이 책은 아마존(미국의 대형 온라인 서점 - 역주)의 영적 은사 부분에서 가장 많이 팔리는 베스트셀러가 되었는데, 전적인 하나님의 은혜임을 고백한다. 우리는 이 책이 베스트셀러가 될 것이라고는 전혀 생각하지 못했다. 그런데 하나님이 이러한 결과를 우리에게 허락하신 것이다.

아드리안과 나는 전 세계를 다니며 꿈과 환상을 통해 하나님의 계시를 풀어냄으로써 그리스도의 몸된 교회가 온전히 세워지도록 돕는 일을 하고 있다. 이는 "그의 안에 산다고 하는 자는 그가 행하시는 대로 자기도 행할지니라"(요일 2:6)라고 말씀하신 바와 같이 우리가 초자연적 영역으로 들어가는 것과 또한 예수님과 동행하는 삶을 사는 것을 의미한다.

사실, 성도들을 훈련하는 것이 우리 사역의 전부는 아니다. 지난 10년간 우리 사역 가운데 가장 뜻깊었던 부분은 선교여행이다. 선교지에는 아직도 복음을 완강히 거부하는 자들이 많지만, 나는 그곳에서 수천 명의 사람들이 그리스도께 삶을 드리는 것을 목도하였다. 문둥병자들이 나았고, 맹인들이 다시 보게 되었으며, 절름발이들이 다시 걷게 되는 치유의 역사가 일어났다. 우리는 가난한 아이들을 먹이는 긍휼사역을 감당하였고, 지역의 목회자들을 위한 컨퍼런스도 개최하였다. 이러한 일들에는 수많은 모험과 도전들이 뒤따랐다.

> 문둥병자들이 나았고, 맹인들이 다시 보게 되었으며,
> 절름발이들이 다시 걷게 되는 치유의 역사가 일어났다.

파키스탄에서 복음을 전했을 때, 수백 명의 사람들이 그리스도께로 돌아왔다. 토드 웨딜리와 함께한 전도여행에서는 배를 타고

필리핀의 수많은 섬들을 방문하며 복음을 전할 수 있었다. 우리는 태풍을 통과했고, 때론 바다 위에서 표류하기도 하였으며, 뱀과 성게 위를 걷기도 하고, 외딴 마을에 가기 위해 여행 가방을 머리에 지고 가기도 했다. 불개미 떼에 쏘이기도 하였고, 테러리스트를 만나기도 하였다. 이 모두가 복음을 증거하기 위해서였다.

우리는 성령께서 힘을 주심으로 이 모든 일들을 감당할 수 있었다. 주님께서 이 책을 읽는 모든 사람들이 이보다 더 큰 일을 감당할 수 있도록 그들을 감동하시기를 기대한다. 성령님을 몰랐던 나는 내가 이러한 일들을 할 수 있을 것이라고 도저히 상상도 하지 못했다. 그러나 나는 오늘도 하나님의 온전하신 뜻이 이루어지는 실재 가운데 살아가고 있다. 나는 당신 또한 하나님을 구하고, 방언으로 기도하며, 그분의 영을 통해 당신의 인생을 향한 하나님의 온전하신 뜻을 깨닫게 되기를 기도한다.

방언은 완전한 기도이며, 성령님은 우리를 위해 직접 하늘의 아버지께 기도하신다. 방언으로 기도할 때 당신의 인생을 막고 있는 어떠한 장애물도 제거될 것이며, 당신은 하나님의 온전하신 뜻 가운데 놀라운 변화를 경험하게 될 것이다.

CHAPTER

꿈과 환상

CHAPTER 4

꿈과 환상

당신이 현재 꿈과 환상을 보고 있든지 아니면 하나님께서 그러한 방식으로 말씀하신다는 것에 대해서 전혀 관심이 없든지 간에, 이 장에서 특별히 마지막 때에 하나님 나라의 확장을 위해 매우 중요한 부분을 다루게 될 것이라는 것을 기억해주기 바란다. 선지자 요엘은 다음과 같이 예언하였다.

그 후에 내가 내 영을 만민에게 부어 주리니 너희 자녀들이 장래 일을 말할 것이며 너희 늙은이는 꿈을 꾸며 너희 젊은이는 이상을 볼 것이며 (욜 2:28)

이 예언은 새로운 언약 즉, 신약시대의 태동인 사도행전 2장 17절에서 성취되었다. 이 성취는 하나님의 계획 가운데 이루어진 신약시대의 중요한 사건이었다. 하나님께서 구약의 언약을 성취하는 놀라운 계획을 지구상에 이루신 것이다. 하나님은 그의 아들 예수 그리스도의 구속적 죽음과 부활, 그리고 승천을 통하여 이 일을 이루셨다. 주님께서는 그의 제자들에게 이렇게 말씀하셨다. "조금 있으면 너희가 나를 보지 못하겠고 또 조금 있으면 나를 보리라 하시니"(요 16:16). 이것은 예수님의 재림을 말한 것이 아니었다. 주님은 우리를 구비시키시기 위해 충만한 능력과 권위로 우리에게 오신 것이다. 베드로는 사도행전 2장에서 요엘 선지자의 예언을 언급하면서 이것에 대한 최고의 설교를 쏟아내었다.

> 주님은 우리를 구비시키시기 위해
> 충만한 능력과 권위로 우리에게 오신 것이다.

복음서 속에서 예수님을 따랐던 베드로의 모습은 허점투성이었지만, 사도행전에서 우리는 성령님께서 어떻게 그를 온전히 변화시키시고 전혀 다른 사람으로 빚으셨는지를 볼 수 있다. 베드로는 환상을 품고 예수 그리스도의 이름으로 기적을 행하는, 담대하고 초자연적인 삶을 사는 사람으로 변화되었다. 사도 바울도 이러한 영적인 권역에 속한 사람이었다. 그들 모두가 변화를 경험하였고, 환상을 통해 선지자적이고 계시적인 영역에 속하여 놀라운 사역을 감당했던 것이다.

예수님은 그분을 따르는 몇 명의 제자들을 '우레의 아들' 즉, 육신의 사람이라고 부르셨다.

> 이 열 둘을 세우셨으니 시몬에게는 베드로란 이름을 더하셨고 또 세베대의 아들 야고보와 야고보의 형제 요한이니 이 둘에게는 보아너게 곧 우레의 아들이란 이름을 더하셨으며 (막 3:16-17)

사실 이들은 어떠한 어려움에도 담대한, 한마디로 성깔이 있는 사람들이었다. 그들은 아마도 서로 앞다투어 나가려고 하였을 것이다. 앞만 보고 달릴 뿐만 아니라, 다른 사람들의 시선에는 신경도 쓰지 않았을 듯하다. 사마리아 지경의 어느 마을 사람들이 예수님의 말씀을 거부하였을 때, 야고보와 요한은 다음과 같이 말하였다.

> 제자 야고보와 요한이 이를 보고 가로되 주여 우리가 불을 명하여 하늘로부터 내려 저들을 멸하라 하기를 원하시나이까 (눅 9:54)

죽음이 임박하였을 때, 주님께서는 제자들로부터 배신을 당하고 이방인의 손에 넘기어 그들의 조롱을 받고 가혹한 채찍질을 당한 후 결국에는 십자가에 달려 죽으실 것을 말씀하셨다. 그때 야고보와 요한은 엉뚱한 이야기를 하였다.

> 세베대의 아들 야고보와 요한이 주께 나아와 여짜오되 선생님이여 무엇이든지 우리의 구하는 바를 우리에게 하여 주시기를 원하옵나이다 … 여짜오되 주의 영광중에서 우리를 하나는 주의 우편에, 하나는 좌편에 앉게 하여 주옵소서 (막 10:35, 37)

이것이 과연 경우에 맞는 말인가? 이것은 마치 이제 1주일 후면 죽게 될 사람 앞에서 "그래? 그러면 당신의 차를 내가 가져도 되겠지?"라고 말하는 것과 같다. 그들은 마음에 간직했던 생각들을 별다른 생각 없이 쏟아낸 것이다. 그런데 그 모습은 꼭 우리를 닮았다. 기가 차서 말이 안 나올 정도로 형편없는 그런 존재들 말이다. 그럼에도 불구하고 주님이 그들을 부르신 것은 이미 창조 전부터 그들을 아셨으며, 그들을 향한 하나님 아버지의 뜻을 명확히 아셨기 때문이다. 같은 맥락에서 본다면, 우리도 주님의 제자들과 같이 변화될 수 있고, 꿈과 환상 가운데 역사하는 영적 영역을 경험할 수 있다. 이것이 우리를 향한 하늘 아버지의 뜻이다.

성경은 마지막 때 주의 성도들에게 표적(signs)과 이적(wonders),

기적(miracles)과 꿈(dreams)과 환상(visions)을 약속하고 있다. 물론 꿈과 환상 자체가 목적이 되지는 않는다. 이것은 성령님을 통하여 하나님과 대화하는 방법 중 하나이며, 목적을 이루는 방법이 된다. 본질적으로 목적은 예수 그리스도이며, 그의 죽음과 부활의 나타나심이라고 할 수 있다. 꿈, 환상, 표적, 그리고 이적은 하나님으로 향하는 지시등과 같다. 그러므로 이러한 것들이 중심이 되어서는 안 되며, 예수님이 중심이 되셔야 한다. 또한 그분과의 친밀한 관계 가운데 거하는 삶이 우리가 간절히 원하는 것이다. 진정한 기적, 표적, 이적이란 한 사람이 흑암의 권세에서 벗어나 온전히 변화되어 하나님 나라의 자녀가 되는 것을 의미한다.

> 우리로 하여금 빛 가운데서 성도의 기업의 부분을 얻기에 합당하게 하신 아버지께 감사하게 하시기를 원하노라 그가 우리를 흑암의 권세에서 건져내사 그의 사랑의 아들의 나라로 옮기셨으니 그 아들 안에서 우리가 속량 곧 죄 사함을 얻었도다 (골 1:12-14)

꿈, 환상, 표적, 그리고 이적은 하나님으로 향하는 지시등과 같다.
그러므로 이러한 것들이 중심이 되어서는 안 되며
예수님이 중심이 되셔야 한다.

또한 그분과의 친밀한 관계 가운데 거하는 삶이
우리가 간절히 원하는 것이다.

⋮

침몰하는 배와 같은 인생이 그리스도를 닮아 변화되고, 그분의 신실한 제자가 되어 왕의 영광을 드러내는 표적과 이적의 삶을 살게 된다는 것은 놀라운 기적이 아닐 수 없다. 이러한 기적이 일어나지 않는 한, 표적과 이적, 꿈과 환상은 단지 장난에 불과한 것이다. 만일 누군가가 예언을 하고 치유도 하며 지식의 말을 전하기도 하지만 삶이 형편이 없다면, 그의 은사는 그리스도의 제자로서 합당하지 못하게 된다. 그리스도의 제자로서 인정받는 삶이란, 그분의 영광을 드러내며 그 영광의 소망을 따라 사는 것을 의미한다. 주님께서는 그분이 우리 삶의 모든 영역에서 흘러나올 만큼 우리 안에 충만히 거하기 원하신다.

꿈과 환상을 받기 위한 준비

그렇다면 어떻게 꿈과 환상을 보고 또 이것을 제대로 이해하여 사역할 수 있는지에 대해 다루도록 하겠다. 성도인 우리는 꿈과 환상을 통해 하나님의 음성을 들을 수 있는 능력을 이미 갖고 있다. 인간은 영(spirit), 혼(soul), 육(body)으로 구성되어 있다. 뇌는 몸의 일부분이다. 이것은 육체이며, 하드웨어이다. 정신(마음)은 혼의 영역에 있다. 이것은 우리의 감정들이 자리잡은 곳으로, 컴퓨터로 따지자면 구동시스템(operating system)과 같다. 그리고 잠재의식은 (subconscious mind) 영이 거하는 곳에 있다. 아무도 잠재의식이 어디에 위치해 있는지는 모른다. 어떤 이는 머리의 뒷부분에 있다고 하고, 다른 이는 척추에 있다고도 한다. 경험을 통하여 볼 때, 나는 잠재의식이 명치 부분에 있다고 생각한다.

우리가 잠을 잘 때, 뇌도 쉬게 된다. 즉, 의식은 활동을 멈추고 잠자는 상태로 들어간다. 그렇지만 잠재의식은 활발하게 활동한다. 당신이 잠을 잘 때 꿈을 꾸는데, 당신이 그것을 조절하거나 통제하지는 못한다. 이때 잠재의식이 영원한 문들을 향하여 접근한다(시 24:7). 이것이 당신이 들어가는 영원한 영역이며, 이때가 비몽사몽하는 상태인 것이다.

⋮

그리스도의 제자로서의 인정받는 삶이란

그분의 영광을 드러내며 그 영광의 소망을 따라 사는 것을 의미한다.

주님께서는 그분이 우리 삶의 모든 영역에서 흘러나올 만큼

우리 안에 충만히 거하기 원하신다.

우리가 잠자는 상태가 되면, 성령께서는 잠재의식 속에서 일하신다. 이때 천사들이 하나님의 신령한 곳까지 우리를 이끈다. 한편, 불신자와 그리스도인을 막론하고 거짓이나 무지로 인하여 마귀의 역사에 휘둘려 고통을 당하기도 한다. 이것은 귀신들림에 대해 이야기하는 것이 아니다. 다만 마귀가 당신의 꿈에 영향을 미칠 수 있음을 말하는 것이다.

당신은 아마도 "가장 어두운 때는 새벽녘 여명 직전이다"라는 말을 들어보았을 것이다. 마귀의 권역이 활발하게 움직일 때도 이때인데, 예수님이 겟세마네 동산에서 기도하셨던 시간이 여기에 해당된다. 예수님은 그날 밤 세 번에 걸쳐 기도하셨다. 마지막 기도를 마치셨을 때, 고소자들이 예수님을 체포하러 온 것이다.

당신이 잠자는 6-10시간은 음식의 공급이 끊긴 가장 긴 시간이다. 이것은 짧은 금식의 시간과도 같다. 금식할 때 우리는 영의 세계에 대해 매우 민감해진다. 따라서 사경 동안에 꿈은 매우 생생해진다. 나는 주로 깨어 있을 때 금식하고, 서 있을 때 환상을 본다. 이것을 열린 환상(open visions)이라고 하는데, 이 환상 가운데 사람들의 이름을 받고, 그들의 상태를 볼 수도 있으며, 그들의 몸에 어떤 병이 있는지도 알 수 있다. 이것은 주로 집회에서 자주 경험하는 일들이다.

때로는 어떤 사람의 손을 잡고 있을 때, 열린 환상을 보기도 한다. 한번은 호주에서 한 어머니의 손을 잡았을 때 그녀의 아들의 이름을 부른 적이 있다. 나는 그 아이가 고통을 당하고 있는 환상을 보았다. 그 아이를 위해 기도하던 중 나는 그 아이에게 아스퍼거증후군(감정변화가 심하고 대인관계에 어려움을 겪는 자폐증의 일종 - 역주)이 있다는 것을 알게 되었다. 그 이후 아이와 가족들은 치유를 통하여 놀라운 반전을 경험하였다.

우리는 금식 중에 말씀 속으로 깊이 들어갈 수 있다. 이때 영과 혼을 쪼개는 하나님의 말씀에 대하여 우리 자신을 활짝 열어놓게 된다(히 4:12). 금식할 때는 영의 세계에 더욱 민감해져, 우리의 욕망들이 무엇인지 알게 되고 성령께서 우리 영에 말씀하시는 것에 대해 열려 있게 된다. 종종 어떤 지도자들은 더 이상 금식할 필요가 없다고 가르친다. 물론 그것이 무슨 말인지 수긍은 가지만, 나는 여전히 금식한다.

우리는 구약의 사람들처럼 돌파가 필요할 때마다 해결을 위해 애쓰며 금식할 필요는 없다. 우리에게는 이미 돌파구가 있기 때문이다. 예수님이 죽으시고 부활하심으로 우리의 문제는 완전히 해결되었다. 이제 우리가 해야 할 일은 믿음을 갖는 것이다. 믿음은 우리의 영으로 활동하게 하며, 돌파의 실재 안으로 들어가도록 능력을 제공한다.

내가 영적으로 어렸을 때, 종종 극단적인 금식을 하곤 했다. 한 번은 예수님의 얼굴을 대면하여 볼 때까지 절대로 음식을 먹지 않겠다고 스스로 다짐했다. 당시 나는 금식에 대한 열정으로 충만하였다. 금식하면 주님이 오셔서 말씀해주실 것이라고 믿었던 것이다.

그렇게 금식을 시작한 지 20일 정도 되었을 때의 일이다. 당시 나는 건설회사의 사장으로서 외국으로 몇 달 동안 출장을 다녀와야 할 상황이었는데, 계속해서 주님이 나타나주시기를 금식하며 기도하고 있었다. 경영이사였던 삼촌이 이사회 임원들 앞에서 나에게 물었다. "아담, 얼굴이 왜 그 모양이야? 무슨 일이 있는 거니?" 당시 내 모습은 초췌하기 그지없었다. 나는 서슴없이 금식 중이라고 대답하였다. 그리고 주님께서 나에게 나타나셔서 말씀해주실 때까지 계속 금식할 것이라고 덧붙였다. 나의 말에 삼촌은 이렇게 답했다. "아담, 그렇게 될 거야! 금식하면 예수님을 보게 될 거야. 반드시 응답될 거야!" 그러나 이사회 멤버들은 나를 비웃었다.

물론 간혹 40일간 금식하는 사람들이 있다. 그러나 이러한 경우는 철저히 성령님의 인도를 받아야만 한다. 그분의 감싸안아주심이 금식 가운데 임하기 때문이다. 나는 지금도 금식한다. 그러나 이제는 금식을 언제 시작하고 끝내야 할지를 성령께서 알려주시도록 그분의 인도하심에 더욱 민감하게 반응한다. 금식은 꿈과 환상을 받기 위하여 당신의 영을 깨우고 활성화시키는 열쇠이다.

예배는 내 안에 하나님의 나라를 활성화하기 위한 또 다른 열쇠이다. 주님과 친밀한 관계를 갖는 것, 내 영혼의 연인이신 그분과의 친밀한 교제를 나누는 것은 영적으로 매우 근본적이고 중요한 일이다. 영과 진리로 예배하는 것은 우리가 은혜의 보좌 앞으로 들어가도록 문을 활짝 열어주어 주님과의 친밀한 교제를 통해 우리 영이 주님으로 적셔지도록 인도한다. 이를 통해 우리는 하나님의 마음을 깨닫고, 그분의 품 안에서 진실로 안식하게 된다. 그 순간 주님의 완전한 평화와 임재가 우리를 감싸주신다. '적셔짐'(soaking)은 우리의 영을 여는 한 가지 방법인데, 이를 통하여 우리가 꿈과 환상의 임파테이션을 받는다.

> 이를 통해 우리는 하나님의 마음을 깨닫고
> 그분의 품 안에서 진실로 안식하게 된다.
> 그 순간 주님의 완전한 평화와 임재가 우리를 감싸주신다.

매우 고된 일과를 마치고 집으로 돌아와 침대에 누워 하나님을 예배하다가 졸다가 깨다가를 반복한 적이 있는가? 이것을 의학 용어로 '가수면 상태'라고 하는데, 성경에서는 비몽사몽(혹은 입신)이라고 말한다. 아주 깊은 수면도 아니고, 그렇다고 깨어 있는 상태도 아니다. 이 상태에 들어서면 잔상들(이미지들)이 마음으로 들어오기 시작한다. 이것이 바로 환상이다. 이때 우리는 그 잔상들에 대해 적어놓아야 한다. 잔상들은 상징적일 수 있다. 하나님은 수수께끼같이 이해하기 어려운 것이나 추상적인 것들을 통해 말씀하기도 하신다. 우리는 잔상들에 대해 성경이 어떻게 말씀하고 있는지 질문할 수도 있고 아니면 이것이 하나님의 것이 아니라고 두려워하거나 또는 위험하다고 여길 수 있다. 사도행전 10장에서 베드로는 비몽사몽간에 환상을 보았다.

> 이튿날 그들이 길을 가다가 그 성에 가까이 갔을 그 때에 베드로가 기도하려고 지붕에 올라가니 그 시각은 제 육 시더라 그가 시장하여 먹고자 하매 사람들이 준비할 때에 황홀한 중에 하늘이 열리며 한 그릇이 내려오는 것을 보니 큰 보자기 같고 네 귀를 매어 땅에 드리웠더라 그 안에는 땅에 있는 각종 네 발 가진 짐승과 기는 것과 공중에 나는 것들이 있더라 또 소리가 있으되 베드로야 일어나 잡아 먹어라 하거늘 베드로가 이르되 주여 그럴 수 없나이다 속되고 깨끗하지 아니한 것을 내가 결코 먹지 아니하였나이다 한대 또 두 번째 소리가 있으되 하나님께서 깨끗하게 하신 것을 네가 속되다 하지 말라 하더라 이런 일이 세 번 있은 후 그 그릇이 곧 하늘로 올려져 가니라 (행 10:9-16)

베드로가 비몽사몽간에 환상을 보고 그 의미가 무엇인지 해석이 필요하였을 때, 하나님은 베드로에게 그를 찾아온 사람들을 따라가서 이방인에게 복음을 전하라고 말씀하셨다.

바울은 황홀한 중에 주님의 말씀을 들었다. "후에 내가 예루살렘으로 돌아와서 성전에서 기도할 때에 황홀한 중에"(행 22:17). 하나님은 우리에게도 이러한 방법으로 말씀하실 수 있다.

당신도 이러한 황홀경을 경험했거나 위에서 언급한 잔상들을 본 적이 있는가? 그때 하나님께서 당신의 영에게 말씀하시는 것이다. 그것은 당신의 영 안에 일어나고 있는 현상과 일치한다. 여기서 깨어날 때, 우리는 꿈이나 환상을 보았다고 생각하는 것이다. 그런데 이러한 일들이 황당한 것이라고 생각하기가 쉽다. 뭐라고 설명하기 어렵기 때문이다.

황홀경이나 얕은 수면의 단계에서 이미지를 볼 때, 그것들은 실재이다. 그러나 깨어나는 즉시 그 실재는 깨어지고, 이해할 수 없는 것이 되고 만다. 이것이 왜 그런지 묻는다면, 이렇게 설명할 수 있다. 당신이 황홀경이나 얕은 수면 상태로 들어서게 될 때, 당신의 영은 하늘의 신령한 것들에 대해 열려지며, 이것은 영원한 영역의 사건으로서 각인된다. 비로소 하나님의 신비를 이해할 수 있게 되는 것이다. 그러나 여기서 깨어나게 되면, 이미지들은 육적인 마음으로 여과되고 더 이상 이해되지 않는다. 그러므로 이 상태에서 보았던 이미지에 대한 해석이 필요한 것이다. 당신의 꿈 또한 종종 비유나 상징의 형태로 주어져 해석을 필요로 한다.

당신이 황홀경이나 얕은 수면 상태로 들어서게 될 때,
당신의 영은 하늘의 신령한 것들에 대해 열려지며

이것은 영원한 영역의 사건으로서 각인된다.

⋮

하나님은 때로 위급한 상황 중에 직접적으로 분명하게 말씀하기도 하신다. 이에 대한 예로, 하나님께서 꿈으로 요셉에게 애굽으로 피신할 것을 말씀하신 것을 들 수 있다.

> 그들이 떠난 후에 주의 사자가 요셉에게 현몽하여 이르되 헤롯이 아기를 찾아 죽이려 하니 일어나 아기와 그의 어머니를 데리고 애굽으로 피하여 내가 네게 이르기까지 거기 있으라 하시니 (마 2:13)

당신은 다른 현상과 함께 다양한 형태의 꿈을 꿀 수 있고, 그것들은 항상 같지 않을 수 있다. 하나님은 비유나 은유로도 말씀하시며, 직접적으로 말씀해주셔서 바로 깨닫게 될 수도 있다.

성경은 마지막 때 주의 성도들에게 표적(signs)과 이적(wonders), 기적(miracles)과 꿈(dreams)과 환상(visions)을 약속하고 있다. 물론 꿈과 환상 자체가 목적이 되지는 않는다. 이것은 성령님을 통하여 하나님과 대화하는 방법 중 하나이며, 목적을 이루는 방법이 된다. 본질적으로 목적은 예수 그리스도이며, 그의 죽음과 부활의 나타나심이라고 할 수 있다.

CHAPTER 5

그리스도 안에서의 정체성

CHAPTER 5

그리스도 안에서의 정체성

나는 종종 하나님께서 왜 꿈과 환상을 통하여 우리에게 말씀하시는지 궁금할 때가 있다. 하나님은 매우 다양한 방법으로 우리에게 말씀해주신다. 어떤 사람들은 하나님의 일차적인 의사소통의 방법이 꿈과 환상이라고 생각한다. 또 다른 사람들은 하나님께서 주로 성경을 통해서 말씀하신다고 믿는다. 당신은 성경을 읽을 때 '로고스'(logos) 즉, 문자로 읽게 된다. 그런데 이것이 '레마'(rhema) 즉, 하나님의 살아 있는 언어로 바뀔 때 말씀이 이해되기 시작한다. 하나님께서는 나에게 주로 성경을 통하여 말씀하신다.

예수님이 이 땅에 계셨을 때, 그분은 역사상 가장 탁월한 소통가이셨다. 그분은 상징, 이미지, 은유, 그리고 비유를 통하여 말씀하셨다. 주님은 사람들과 연관된 상황과 환경을 사용하여 천국의 방법을 가르치셨다. 만일 주님이 지금 이 땅에 계신다면, 가정과 직장에서의 우리의 경험을 통합하는 모든 요소를 사용하실 것이다. 또한 이와 연관된 비유를 통해 우리와 소통하실 것이다.

우리의 마음은 매우 강하다. 하나님은 우리의 마음이 무언가를 창조하도록 만드셨다. 즉, 인간은 창조적인 존재이다. 하나님은 이미지와 상징이라는 매우 강력하고 효과적인 방법으로 우리에게 말씀하시며, 우리의 마음은 이러한 이미지를 흡수한다. 우리가 글을 읽을 때, 우리의 뇌가 별개의 낱말들을 연결하여 하나의 문장을 읽는 것이라기보다는 서너 개의 낱말로 구성된 구절들을 눈으로 훑고 지나가면서 즉시로 그것을 해석해내는 것이다. 당신의 뇌는 문자들을 일일이 읽지는 않지만, 구별된 형태나 단어의 이미지를 인식하여 거기에 의미를 부여하는 것이다.

어렸을 때 독서장애를 앓았던 나에게는 책 읽는 일이 매우 고통스러웠다. 그러나 주님을 영접한 이후 하나님은 나를 치유해주셨다. 나는 이제 상징이나 이미지를 담은 단어들을 읽는다. 이 방법을 통해 읽기와 쓰기는 더 쉬워진다. 이미지들은 어디에서나 사용된다. 그것들은 주로 마케팅에서 사용되고, 건널목 표지판이나 상품 포장지 등 우리의 일상에서 쉽게 발견된다. 횡단보도 표시등을 생각해보자. 학교 앞 건널목의 표시등에는 어머니가 아이의 손을 잡고 있는 이미지가 사용된다. 이것을 보면, 우리는 아이들이 길을 건

너고 있다는 것을 인식하게 된다. 이미지는 문자보다 먼저 다가온다. 이처럼 이미지는 컴퓨터 작업에서도 유용하게 활용된다. 우리가 자주 접하는 아이콘은 보편적인 의미들을 갖고 있어서, 사람들은 그것과 연관된 단어들을 읽기 전에 이미 그것들을 이미지로 인식한다.

> 사실 우리의 마음은 매우 강하다.
> 하나님은 우리의 마음이 무언가를 창조하도록 만드셨다.
> 즉, 인간은 창조적인 존재이다.

하나님은 꿈과 환상 가운데 상징과 이미지를 사용하여 말씀하신다. 그리고 꿈에서 깨어난 후에도 그것을 기억하도록 도우신다. 우리가 언제나 꿈을 기억하는 것은 아니지만, 우리는 마음속에서 그것을 다시 재생해볼 수 있고, 그림으로 저장할 수 있다. 예수님은 제자들에게 비유로 말씀하셨는데, 비유는 꿈과 같다. 주님은 상징을 사용하여 사람들과 소통하신 것이다. 주님이 어부였던 베드로에게 말씀하실 때, 사람을 낚는 어부가 되라고 말씀하셨다. 농부들에게는 씨 뿌리는 비유를, 장사꾼들에게는 달란트 비유를 사용하셨다. 이처럼 제자들은 그들의 삶과 밀접하게 연결된 비유를 통해 예수님의 가르침을 이해할 수 있었다. 아기들이 처음에는 그림을 보며 사물을 익히다가 나중에는 언어를 능숙하게 사용함으로 배워가는 것과 마찬가지로, 고기를 씹어 먹는 수준이 되기 전에는 우유를 마시는 것이 선행되어야 하는 것이다(고전 3:2).

주님은 여전히 꿈을 통해 우리에게 비유로 말씀하신다. 우리는 종종 왜 주님이 우리에게 직접적으로 말씀해주시지 않는지 의아해한다. 이와 관련하여 성경은 "일을 숨기는 것은 하나님의 영화요 일을 살피는 것은 왕의 영화니라"(잠 25:2)고 말한다. 하나님은 우리가 그분을 찾고 구하기를 원하신다. 성경은 또한 이렇게 말한다. "그런즉 너희는 먼저 그의 나라와 그의 의를 구하라 그리하면 이 모든 것을 너희에게 더하시리라"(마 6:33).

하나님은 우리가 그분을 구함으로 천국의 신비를 경험하기를 원하신다. 이것은 마태복음 13장에서 주님이 밭에 감추인 보화에 대해 말씀하신 것과 같다. 당신은 보화를 얻기 위해 밭을 사는 대가를 기꺼이 지불해야 한다. 하나님은 우리가 그분을 발견하기를 원하신다. 하나님은 우리의 영적인 감각이 살아나서 그분의 음성을 듣고 그분을 아는 성숙의 단계로 나아가기를 원하신다.

주님은 여전히 꿈을 통해 우리에게 비유로 말씀하신다.

우리가 하나님의 음성을 듣는 법을 배운다면, 기초적인 가르침을 벗어나 성숙으로 나아가게 된다. 신비는 더 이상 신비가 아닌 계시가 되어 우리를 깨우친다. 주님은 주로 말씀하시기 전에 비유로 말씀하셨다.

> 이것을 비유로 너희에게 일렀거니와 때가 이르면 다시는 비유로 너희에게 이르지 않고 아버지에 대한 것을 밝히 이르리라 (요 16:25)

우리가 이 말씀을 깨닫는다면, 우리에게 허락하신 기업을 담대히 취함과 동시에 하나님 나라의 풍성함을 맛보아 알게 되는 자유를 누리게 된다. 하나님의 나라는 우리 눈으로 보는 것보다 더욱 실제적인 현실이 될 것이고, 우리는 왕국을 확장하고 경작하는 담대함을 얻게 된다.

나는 앞에서 예수 그리스도를 알아감과 그분과의 친밀함을 갖는 것이 그리스도인의 삶에 있어서 가장 중요한 사건이라고 말한 바 있다. 우리는 주님 안에서 우리가 누구인지를 아는 만큼 예수 그리스도를 알 수 있다. 그리스도 안에서 내가 누구인지 알지 못한다면, 내가 무엇을 위해 존재하고 부름 받았는지 이해하지 못한다면, 망망대해를 표류하는 뗏목을 탄 사람과 같이 향방 없는 인생을 사는 것이다. 하나님은 우리가 그렇게 사는 것을 원치 않으신다.

하나님은 우리가 예수 그리스도, 하나님의 형상, 그분의 나라를 알기 원하신다. 또한 창세전에 우리가 누구였는지 그리고 하나님의 왕국에서 우리가 어떤 존재인지 알기를 원하신다. 예수님은 창세전부터 우리를 아셨다. 하나님은 예레미야에게 그가 어머니의 자궁에서 형성되기 전부터 이미 아셨다고 말씀하셨다(렘 1:5). 하나님은 시작부터 우리의 모든 것을 알고 계셨다.

⋮

우리가 이 말씀을 깨닫는다면,
우리에게 허락하신 기업을 담대히 취함과 동시에
하나님 나라의 풍성함을 맛보아 알게 되는 자유를 누리게 된다.

⋮

다음에 소개하는 알라바마의 소조 버밍엄(Sozo Birmingham)의 창시자인 브랜넌 M. 닉스의 간증은 내가 하나님을 추구하고 그분과 친밀한 관계 맺는 데 매우 큰 영향을 끼쳤다(www.sozobirmingham.net을 방문해보라).

브랜넌의 간증

2007년 4월, 나는 알라바마 버밍엄에 있는 제퍼슨카운티감옥에 수감되어 있었다. 주님을 알고 있던 한 남자와 감방을 함께 썼는데, 그는 감옥에서 지내는 내내 성경만 열심히 읽었다. 2주일이 지난 후, 그가 나에게 사역 같은 것을 하려고 했다. 그러나 나는 내키지 않아서 허락하지 않았다.

그러던 어느 날, 슬픔과 우울증이 나를 침범해왔다. 그는 그때도 역시 성경을 읽고 있었는데, 문득 그가 어떤 내용을 읽고 있는지 알고 싶어졌다. 그래서 그에게 지금 읽고 있는 부분을 읽어달라고 부탁하였다. 그는 시편 23편을 읽어주었다. "주께서 내 원수의 목전에서 내게 상을 차려 주시고 기름을 내 머리에 부으셨으니 내 잔이 넘치나이다"(시 23:5). 나는 그에게 머리에 기름을 붓는다는 의미가 무엇인지 물어보았다. 그는 야고보서를 펴서 나에게 보여주었다.

> 너희 중에 병든 자가 있느냐 그는 교회의 장로들을 청할 것이요 그들은 주의 이름으로 기름을 바르며 그를 위하여 기도할지니라 믿음의 기도는 병든 자를 구원하리니 주께서 그를 일으키시리라 혹시 죄를 범하였을지라도 사하심을 받으리라 (약 5:14-15)

Chapter 5 그리스도 안에서의 정체성 · 59

그때 문득 내.머리를 스치고 지나간 생각이 있었다. '그래, 이게 바로 나에게 필요한 거야. 이걸 좀 써먹어야겠군.' 나는 그에게 나에게 기름을 부어줄 것을 요청했다. 그러자 그는 "나는 장로(an elder)가 아니에요"라고 대답했다.

나는 잠시 그를 바라보면서 말하였다. "아닙니다. 당신은 충분히 나이 들어 보입니다." 당시 그의 나이는 48살 정도였는데, 그가 나에게 웃음을 지어보였다. 당시 나는 교회에 대해서 아는 바가 전혀 없었기에 장로(elder)가 무엇인지 알 길이 없었다. 그저 나이 많은 사람(the elder)이라고 여겼던 것이다. 그가 말했다. "기름도 가진 것이 없어요." 그 말에 나는 방안을 유심히 살펴보았다. 그러다가 샴푸가 담긴 작은 병 하나를 발견하였다. 병 뒷면에 붙은 라벨을 읽어보니 기름이 들어 있다고 쓰여 있었다! 나는 감방 친구에게 샴푸에 기름이 포함되어 있다고 하면서, 우리가 기도하면 하나님께서 그것을 거룩하게 만드실지도 모른다고 하였다.

그래서 우리는 하나님께 샴푸를 거룩하게 해달라고 기도하였다. 그리고 그 친구는 나에게 어떻게 하면 좋을지 물어보았다. 나는 내가 직접 시편 23편을 읽을 테니 "기름을 내 머리에 부으셨으니"라는 부분을 읽을 때 지체하지 말고 내 머리에 기름을 부어달라고 부탁하였다.

우리는 계획한 대로 하였다. 그러자 성령의 강한 능력이 내 위에 임하는 것이 느껴졌다. 마치 뜨거운 기름이 머리를 완전히 적시고 흘러넘쳐서 발끝까지 덮는 듯했다. 나의 몸은 벌벌 떨고 있었다. 그러한 경험은 전혀 해본 적이 없었다. 잠시 정신이 혼미해지는 듯했다. 약 60초가 지난 후, 교도관이 감방 문을 열고 식사시간을 알려왔다. 이때는 무조건 감방을 나가야 했기 때문에, 나는 다른 재소자들과 함께 식당으로 갔다. 그런데 몸이 너무 떨려서 음식을 담은 쟁반을 엎어버리고 말았다. 음식은 다 쏟아져 먹을 수가 없었다. 나는 벽쪽에 홀로 앉아 아무 말도 하지 않았다. 저녁 9시가 되어 다시 감방으로 돌아왔다.

> 마치 뜨거운 기름이 머리를 완전히 적시고 흘러넘쳐서 발끝까지 덮는 듯했다.
> 나의 몸은 벌벌 떨고 있었다. 그러한 경험은 전혀 해본 적이 없었다.

방으로 돌아온 나는 에베소서를 읽었다. 다 읽고 보니, 감방 친구는 이미 잠들어 있었다. 중앙통제실에서 모든 전등을 소등시켰다. 그런데 그때 너무도 명확한 환상이 임했다. 나는 목회자였던 할아버지의 환상을 보았는데, 그분은 90년대에 돌아가셨다. 환상을 보았을 때, 마치 내 눈의 비늘들이 벗겨지고 장막이 올라가는 것과 같았다. 동시에 나는 내가 누구였는지 기억하였고, 내 삶의 죄를 보게 되었다. 이것은 나를 매우 부끄럽게 하였는데, 존재 깊은 곳에 있는 나는 지금의 내가 아니었기 때문이다.

나는 다시 정신을 차렸다. 이것을 통해 나는 내가 태어나기 전부터 하나님이 나를 아셨다는 것을 깨닫게 되었다. 나는 감방 안에서 하나님의 임재를 이해하고 있었다. 내 육신의 부모보다 그분을 더 잘 알게 되었다. 그분이 나의 영을 창조하셨을 때부터 나는 그분과 함께 있었던 것이다. 하나님은 그때부터 내가 알았던 분이고, 나는 그분의 임재를 이해하고 인식하고 있었다. 그러면서 내가 과연 누구였는지 기억하게 되었다. 그날 밤, 하나님이 나를 구원하셨다. 나는 담배와 마약, 그리고 내 인생을 파괴하는 모든 습관을 끊어버렸다.

구원 받은 후, 하나님은 나를 황홀경으로 이끄셨다. 그것은 마치 대낮에 마약을 한 것 같은 느낌이었다. 환상 속에서 나는 세상이 시작되기 전 하나님과 함께 있었다. 나는 하나님의 아들로서, 제사장으로서, 왕으로서, 선지자로서의 완전한 정체성 가운데 있었다. "그의 아버지 하나님을 위하여 우리를 나라와 제사장으로 삼으신 그에게 영광과 능력이 세세토록 있기를 원하노라 아멘"(계 1:6).

더 이상 어떠한 거짓도 없었다. 그것은 하나님과 나와의 온전한 연합이었다. 나는 하나님의 충만하심과 황홀경을 경험하고 있었다. 그분은 나의 왼쪽에 서 계셨고, 나는 그분의 오른편에 앉아 있었다. 갑자기 파란색의 둥근 물체 하나가 우리 앞에 나타났다. 그것은 지구였다. 순간 마음속으로 지구를 향한 여정이 준비되었다는 생각이 스쳤다. 나는 이 여행에서 무슨 일이 일어날지 궁금해하고 있었다.

하나님 아버지께서는 내가 무슨 생각을 하고 있는지 알고 계셨다. 그분이 모든 것을 계획하셨고, 내 마음에 있는 생각까지도 그분께 직접 물어보라고 지시하셨다. "주께서 내가 앉고 일어섬을 아시고 멀리서도 나의 생각을 밝히 아시오며 … 내 형질이 이루어지기 전에 주의 눈이 보셨으며 나를 위하여 정한 날이 하루도 되기 전에 주의 책에 다 기록이 되었나이다"(시 139:2, 16).

더 이상 어떠한 거짓도 없었다. 그것은 하나님과 나와의 온전한 연합이었다.
나는 하나님의 충만하심과 황홀경을 경험하고 있었다.

나는 하나님께 그곳에 가면 어떤 일이 일어날지 여쭤보았다. 주님은 "너는 내가 누구인지 그리고 네가 누구인지 잊게 될 거야"라고 말해주셨다. 그분의 대답으로 인해 나는 슬픔을 경험하였다. 주님은 부드럽게 말을 이으셨다. "그러나 너의 인생 여정은 내가 누구인지 또 네가 누구인지 알아가는 과정이 될 거야. 네가 나를 찾게 될 때, 비로소 너 자신을 찾게 될 거야."

우리는 죄인으로 창조된 존재가 아니었다.

다만 죄 가운데 태어났을 뿐이다.

그래서 우리가 누구인지 잊게 되었다.

거짓의 아비가 그의 거짓말로 우리를 가두어 둔 것이다.

-브랜넌 M. 닉스-

우리의 정체성

우리는 인생의 남은 시간 동안 하나님이 어떤 분이신지, 그분의 말씀 안에서 우리가 어떤 존재인지 알기에 힘써야 한다. 성도로서 우리는 늘 천국에서의 우리의 위치를 생각하면서 살아가야 한다.

그러므로 너희가 그리스도와 함께 다시 살리심을 받았으면 위의 것을 찾으라 거기는 그리스도께서 하나님 우편에 앉아 계시느니라 위의 것을 생각하고 땅의 것을 생각하지 말라 이는 너희가 죽었고 너희 생명이 그리스도와 함께 하나님 안에 감추어졌음이라 우리 생명이신 그리스도께서 나타나실 그 때에 너희도 그와 함께 영광 중에 나타나리라

(골 3:1-4)

우리 인생의 남은 시간 동안 하나님이 어떤 분이신지,
그분의 말씀 안에서 우리가 어떤 존재인지 알기에 힘써야 한다.
성도로서 우리는 늘 천국에서 우리의 지위를
생각하면서 살아가야만 한다.

⋮

예수 그리스도 안에서 우리의 정체성을 정확히 아는 것은 그리스도인으로서의 삶에 있어서 본질적인 요소이다. 나는 당신이 하나님의 말씀을 통해 그분을 구하고 찾기를 원한다. 또한 그분이 당신에게 알려주신 꿈과 환상을 통하여 그렇게 하기를 권한다.

CHAPTER

하늘에 속한 것들

CHAPTER 6

하늘에 속한 것들

하나님은 꿈과 환상을 통해 말씀하신다. 나는 구약시대의 선지자들만이 아니라 그리스도인이라면 누구든 하나님의 음성을 들을 수 있다고 믿는다. 모든 성도들은 하나님의 음성을 들을 수 있다. 그러므로 주님의 말씀을 듣기 위해 계속해서 하나님의 사람이나 선지자를 찾아가서 물어보는 것은 합당하지 않다.

내가 아는 한 사람은 주님의 말씀을 듣기 위해 나에게 와서 계속 물어보는데, 올 때마다 요구하는 것도 더 커졌다. 그를 보며 나는 속으로 이렇게 중얼거리곤 한다. "그냥 성경을 좀 읽으세요!" 어떤 사람은 하나님을 구하고 찾는 일에 게으르다. 그들은 빠른 해답을 원하며, 그것을 얻기 위해 선지자들을 찾아다닌다. 물론 선지자적 예언의 말씀이 열리는 시간과 장소가 분명히 있다. 이러한 경우는 대부분 강대상에서 말씀이 선포될 때이며, 이것이 내가 주로 하는 사역이기도 하다. 사람들은 호기심 때문에 자신들의 꿈과 환상을 해석 받고 싶어 하는데, 이런 성향 때문에 쉽게 점성술에 노출된다.

만약 당신에게 꿈 해석의 은사가 있다면, 다른 사람들에게 꿈을 해석하는 훈련을 시킬 것이다. 그런데 만약 당신이 훈련시키는 사람들의 삶에서 어떠한 변화나 성장 또는 열매가 드러나지 않는다면, 그 훈련을 당장 그만두라고 말하고 싶다. 그들은 어쩌면 당신을 점쟁이 정도로 이용하는 것일 수도 있다.

꿈과 환상은 그리스도의 몸을 구비시키고, 그들로 하여금 열매 맺게 한다. 성도들은 하늘의 왕국과 예수 그리스도의 계시를 이해하는 데까지 성장해야만 한다. 간혹 그리스도인 가운데 변덕스러운 사람들도 있다. 비록 그들이 하나님과의 관계에 헌신적이지도, 그들의 삶이 본질적이지도 않더라도 우리는 그들을 사랑한다. 가끔 어떤 사람들은 내가 사역하는 필드오브드림즈(Field of Dreams)교회를 방문해서 "여기야말로 내가 찾던 바로 그 교회야!"라며 칭찬과 감탄을 쏟아내지만, 그 이후로는 나타나지 않는 경우가 많다.

> 사람들은 호기심 때문에 자신들의 꿈과 환상을 해석 받고 싶어 하는데 이런 성향 때문에 쉽게 점성술에 노출된다.

하나님께서는 다니엘에게 은밀한 것을 보이셨던 것같이 예언자적 은사를 통하여 우리에게 말씀하신다. 하나님은 당신이 사는 지역과 도시 나아가 더 큰 공동체에 영향을 끼치는 상황에 대해 경고하신다. 하나님은 더 큰 규모의 사건들에 대해서도 말씀하신다. 하나님은 요셉으로 하여금 바로의 꿈을 해석케 하심으로 임박한 기근을 알려주셨다. 이와 같이 미리 알리는 것을 예고(foretelling)라고 한다. 예고는 하나님께서 행하기로 작정하신 사건을 드러내시거나 대재앙에 대해 공동체를 준비시키시기 위해 꿈이나 환상으로 보여주시는 것을 말한다.

또한 하나님은 그분 자신의 존재로 인해 충만한 하늘에 쌓아두신 하나님의 약속을 드러내시기 위해 꿈과 환상을 사용하신다. 어떤 사람은 이것을 세 번째 하늘(삼층천, the third heaven)이라고 부른다. 우리는 하나님의 진리를 선포(예고)함으로 이 약속들을 받을 수 있다. 이 약속들은 진실하며, 믿음으로 성취된다. 하나님은 당신의 믿음을 훈련하기 원하신다. 하나님 나라의 통치를 선포함으로 당신의 삶 가운데 약속이 성취되기를 원하시는 것이다. "하나님의 약속은 얼마든지 그리스도 안에서 예가 되니 그런즉 그로 말미암아 우리가 아멘 하여 하나님께 영광을 돌리게 되느니라"(고후 1:20). 하나님은 이 약속들을 꿈과 환상을 통하여 주신다. 이것과 관련된 예화를 한 가지 소개하겠다.

어느 날 나는 동역자인 토드 웨딜리와 함께 기도하고 있었다.

그때 하나님께서 나에게 금빛의 천사를 보여주셨다. 그는 물질을 공급하는 천사였는데, 당시 나는 재정적으로 어려움을 겪고 있었다. 나는 토드에게 하나님께서 나에게 재정을 풍성하게 공급하실 것이며, 이것을 금빛 천사를 통해 약속하셨다고 말해주었다. 그 후로 나는 풍성함에 대한 약속을 주장하며 예언하고 선포하였다. 그리고 며칠 후, 나는 누군가로부터 수천 달러를 받았다.

언젠가는 자동차가 필요해서 기도하고 있었는데, 하나님께서 알파벳 'H'가 새겨진 하얀색 차를 보여주셨다. 나는 이것이 현대나 홀덴의 차라고 생각했다. 그런데 하나님은 이것이 실제가 되도록 내가 하늘의 권세로 선포하기를 원하셨다. 예언은 우리 삶을 향해 하나님의 약속을 선언하는 것이다. 하나님은 약속과 함께 하늘에 쌓인 재물을 보여주셨고, 내가 믿음으로 이것이 삶 가운데 실체가 되도록 예언하기를 원하셨다.

그렇게 선포하던 중 나는 그 주간에 생각지 못한 사람으로부터 혼다차를 선물로 받았다. 이로부터 3년이 지난 후, 나에게 새로운 차가 필요했다. 그래서 약속의 말씀을 붙들고 예언하였을 때, 또 다른 사람이 마쯔다6를 선물해주었다. 얼마나 놀라운 하나님의 역사인가! 상징적으로 새로운 차는 새로운 소명을 가리킨다. 그리고 '마쯔다'라는 이름은 상징적으로 '하나님의 지혜'라는 뜻이기도 하다.

> 하나님은 이것이 실제가 되도록
> 내가 하늘의 권세로 선포하기를 원하셨다.
> 예언은 우리 삶을 향해 하나님의 약속을 선언하는 것이다.

　

하나님은 꿈과 환상을 통해 우리에게 개인적으로 경고하기도 하신다. 하나님께서는 아기 예수님을 경배하고 집으로 돌아가던 동방박사들에게 헤롯을 피하여 다른 길로 가도록 꿈을 통해 경고하셨다. "그들은 꿈에 헤롯에게로 돌아가지 말라 지시하심을 받아 다른 길로 고국에 돌아가니라"(마 2:12). 동방박사들은 주어진 경고를 무시하고 헤롯에게 돌아갈 수도 있었다. 그러나 그들은 꿈을 통해 주어진 경고를 신뢰하였다.

당신은 두 번째 하늘(이층천, the second heaven)로 들어가는 꿈을 꿀 수 있는데, 두 번째 하늘은 당신의 영이 라디오의 트랜지스터와 같이 하늘에 속한 것들에 대해 매우 민감해지는 것을 의미한다. 이때 꿈은 악몽처럼 보일 수도 있다. 하지만 그것은 하나님께서 영 안에 감추었던 것을 드러내시고, 당신으로 하여금 영적인 싸움이 진행되고 있음을 볼 수 있도록 허락하심으로써 당신에게 말씀하시는 것이다.

성경은 세 개의 하늘이 있다고 말한다. 첫 번째 하늘(일층천)은 시간, 공간, 문제들이 존재하는 현실세계로 아담의 영역(Adamic realm)이라고도 한다. 두 번째 하늘(이층천)은 지구를 감싸고 있는 영적인 영역으로, 여기서 마귀들의 활동이 일어남과 동시에 천사들의 활동도 두드러지게 나타난다.

> 내가 그리스도 안에 있는 한 사람을 아노니 그는 십사 년 전에 셋째 하늘에 이끌려 간 자라 (그가 몸 안에 있었는지 몸 밖에 있었는지 나는 모르거니와 하나님은 아시느니라) (고후 12:2)

> 우리의 씨름은 혈과 육을 상대하는 것이 아니요 통치자들과 권세들과 이 어둠의 세상 주관자들과 하늘에 있는 악의 영들을 상대함이라 (엡 6:12)

세 번째 하늘(삼층천)은 하나님이 거하시는 곳이다. 나는 천국과 지옥이 여러 차원으로 구성되어 있다고 믿는다.

우리는 이러한 세계에 대해 정확히 이해하고, 예언적으로 성장해야 한다. 분별력을 키우기 위해 훈련하고 연습해야 한다.

> 이는 젖을 먹는 자마다 어린 아이니 의의 말씀을 경험하지 못한 자요 단단한 음식은 장성한 자의 것이니 그들은 지각을 사용함으로 연단을 받아 선악을 분별하는 자들이니라 (히 5:13-14)

내가 볼 때, 예언적인 그리스도인들이 가장 많이 실수하는 부분은 하늘에 속한 것을 잘못 해석하는 것이다. 보통 그리스도인들이 두 번째 하늘 안에서 경험하는 것은 힘겨운 싸움으로 인한 낙심이다. 그런데 이러한 상태는 매우 위험하다. 왜냐하면 우리는 첫 번째와 두 번째 하늘을 통치하는 세 번째 하늘로의 삶으로 부름 받았기 때문이다. 같은 문제가 나에게도 있었다. 나 또한 실패자의 모습으로 살았던 것이다. 내가 얼마나 비참하게 보였던지, 누군가 나에게 "내가 왜 그리스도인이 되어야 하지? 나는 당신처럼 비참한 모습으로 살고 싶지 않아!"라고 말하기도 했다.

한동안 나는 첫 번째와 두 번째 하늘에서 일어나는 귀신의 활동을 많이 보았고, 그로 인해 낙심하였다. 내가 본 것들이 이미 종말의 때에 이루어질 일들에 대한 결론이라고 생각했던 것이다. 그래서 더 이상 삶에 소망이 없다는 어두운 결론을 이야기하는 극단적인 경고자처럼 되어버렸다. 내가 본 환상으로 인하여 나는 곧 세상의 종말이 올 것이라고 믿고 있었다. 하나님께서 나에게 하늘에 속한 것들을 보여주시기 위해 베일을 열어주고 계심을 깨닫지 못했던 것이다.

하나님은 나에게 원수들의 계략을 증거하도록 허락하셨다. 예수 그리스도의 보혈의 능력으로 이러한 마귀들의 능력과 계략을 묶고 파쇄하도록 전략을 주신 것이다. 하나님은 우리에게 하늘에 속한 것들에 대해 통치권을 행사하는 권위를 주셨다. 이것을 통해 첫 번째 하늘인 자연의 영역(세계)에서 흐름을 바꾸기를 원하시는 것이다.

인도에서 사역하고 있을 때, 어느 날 사악하게 생긴 황소의 공격을 받는 생생한 환상을 보았다. 인도에서 소는 거룩한 존재이자 경배의 대상이다. 이 황소는 하늘의 영역에서 활약하면서 나의 사역을 방해하고 있는 공중권세 잡은 자였다. 하나님은 이 환상을 통해 나에게 경고해주신 것이다. 그래서 나는 예수 그리스도의 보혈의 능력으로 이 악한 세력을 묶고 파괴하도록 영으로 명령하였다. 이 사역을 통해 그리스도께서 드러나시고 치유와 기적이 일어나는 것을 명백히 목도할 수 있었다. 하나님의 영광이 그 지역 가운데 쏟아졌다.

그런데 하루는 극단적인 힌두교도들이 내가 사역하기로 한 교회로 몰려들었다. 그들은 교회에 불을 지르고 담임목사의 목에 칼을 들이대면서 내가 설교하도록 허락하면 죽여버리겠다고 협박하였다. 하나님은 이미 나에게 공중권세 잡은 자와 어둠의 권세들에 대해 어떻게 대적할 것인지를 가르쳐주셨다. 내가 배운 대로 행하자, 하나님의 은혜와 권세가 나에게 뿐만 아니라 다른 이들에게도 흘러넘쳤다. 이것은 물론 당신의 삶에도 흘러넘칠 수 있다.

우리와 교통하시는 하나님께서 사용하시는 또 하나의 방법은 꿈과 환상 가운데 주시는 지식의 말씀이다. 이것은 누군가의 이름, 질병의 정체, 또는 그 사람이 처한 환경을 아는 것이다. 보통 모임을 시작하기 전 하나님을 예배하고 그분의 임재 안에 젖어 있을 때, 하나님은 지식의 말씀을 통하여 그날 그 모임에서 무엇을 행하기 원하시는지 보여주신다. 이것은 당신이 누군가를 상담하거나 그 사람이 꾼 악몽에 대해 해석해주는 사역에 상당한 도움이 된다. 지식의 말씀은 그 사람이 왜 그런 악몽을 꾸는지를 이해할 수 있도록 돕는다. 예를 들자면, 어떤 사람은 마귀의 영역에 자신을 노출시킴으로 원수가 공격할 빌미를 제공한다. 그 사람이 처한 환경에 대해 저주를 쏟아내거나, 믿음이 없거나, 하지 말아야 할 것들을 탐닉함으로 어두움을 향해 문을 열어놓게 되는 것이다. 이렇게 마귀들이 들어오도록 문을 열어놓으면 그들은 안으로 들어와 당신을 파괴할 것이다.

> 보통 모임을 시작하기 전 하나님을 예배하고
> 그분의 임재 안에 젖어 있을 때,
> 하나님은 지식의 말씀을 통하여 그날 그 모임에서
> 무엇을 행하기 원하시는지 보여주신다.

지식의 말씀은 당신이 집중해야 할 부분에 집중할 수 있도록 돕는다. 한번은 동역자인 토드 웨덜리, 닐 포취와 함께 보루네오에 갔었다. 인도네시아어에 능통한 닐은 우리를 위해 통역해주었다. 그러던 어느 날, 우리는 아픈 사람들을 위해 기도해주기 위해 가가호호 방문하고 있었다. 그러다가 교회에 나오는 한 여인의 집으로 인도되었다. 그런데 그 집은 강한 억압으로 눌려 있었고, 그녀의 딸은 뇌가 손상되어 몇 년 동안 걸을 수도 없었다. 뇌손상은 딸이 고열이 났을 때, 치료를 받지 못하여 입게 된 것이었다. 우리는 이 가족을 위해 사역하였다.

사역 도중 나는 환상을 통해 그 아이의 어머니가 주술을 행하고 있는 모습을 보았다. 그녀는 처음에는 이를 부인하였지만, 결국 인정하였다. 그녀는 회개하였고, 자신의 삶을 그리스도께 드렸다. 그런데 집안에서 악한 기운이 감지되어 우리가 이를 위해 대적하며 기도하자, 하나님께서는 마귀가 그 딸의 삶 가운데 역사하는 것을 보여주셨다. 나는 믿음으로 명령하면서 그 딸이 일어나 걸을 것을 선포하였다. 3일 후, 그녀는 질병에서 완전히 치유되었다. 나는 하나님께서 그녀를 인도네시아를 위해 놀랍게 사용하실 것에 대하여 예언하였다. 이 3일간의 치유과정은 유튜브에 올라와 있다.

당신도 하늘의 영역 안에서 이러한 사역을 할 수 있다. 이것이 예수님께서 하신 사역이다. 이것은 하나님께서 하신 일을 우리도 하고, 그분이 말씀하신 것을 우리도 말할 수 있는 권리이기도 하다.

하나님은 그분 자신의 존재로 인해 충만한 하늘에 쌓아두신 하나님의 약속을 드러내시기 위해 꿈과 환상을 사용하신다. 어떤 사람은 이것을 세 번째 하늘(삼층천, the third heaven)이라고 부른다. 우리는 하나님의 진리를 선포(예고)함으로 이 약속들을 받을 수 있다. 이 약속들은 진실하며, 믿음으로 성취된다.

CHAPTER

성화된 생각

CHAPTER 7

성화된 생각

    인간은 마음, 육체, 영으로 구성되어 있다. 마음은 혼과 연결되어 있고 영은 잠재의식에, 그리고 육체는 뇌를 포함한다. 이번 장에서는 이 중 마음에 초점을 맞추고자 한다. 성령님은 잠재의식 또는 영을 통하여 우리와 교통하신다. 우리는 꿈을 조작할 수 없으며 성령께서는 우리의 잠재의식 가운데 우리에게 말씀하신다. 이때 우리의 영은 하늘의 실체에 노출된다. 그러나 우리의 마음은 창조에 맞춰져 있다. 마음은 우리의 의지적인 부분으로, 우리가 무엇을 원하는지를 분별한다. 우리는 이 마음을 이용하여 묵상하고 생각을 만들어낼 수 있다.

원수들은 우리를 다스릴 권위를 갖고 있지 않다(요일 4:4). 그러나 우리는 뱀과 전갈을 밟고 어두움의 권세들을 제압할 권위를 갖고 있다(눅 10:19). 우리는 하나님의 가족으로서 그리스도 안에서 거칠 것이 없다. 그러나 원수는 마음을 통해 우리를 공격하고, 성가시게 하고, 괴롭힐 수 있다. 원수는 우리의 몸에 직접적으로 해를 가할 수는 없지만, 속일 수는 있다. 마귀는 사람들을 속이는 사기꾼과 같다. 하나님은 창조를 위해 마음을 만드셨다. 그런데 마음은 때로 사실을 과장하거나 왜곡할 수도 있다. 원수는 이것을 알고 있고, 이것을 어떻게 이용할 수 있는지도 알고 있다.

원수가 사용하는 최고의 무기는 두려움이다. 그는 마음 가운데 두려움을 심어서 우리를 고통스럽게 만든다. 우리의 마음은 창조를 위해 사용되지만, 또한 두려움을 통해 부정적으로 작동되기도 한다. 우리의 마음이 경건치 못하거나 계속해서 두려움을 품게 되면, 원수들은 열린 문으로 침범해 들어와 우리로 하여금 잘못된 결정을 내리도록 속인다.

마귀는 두려움을 사용하여 우리가 하지 말아야 할 일을 하도록 조장한다. 그들은 우리가 어릴 때부터 마음에 두려움을 심어놓는데, 특히 마귀적인 주제를 담은 TV 프로그램을 통해 역사한다. 마귀는 우리가 아주 어린아이일 때부터 불경건한 문을 열어 두려움과 염려에 노출시킨다. 원수는 주로 영화와 쇼 등을 통하여 역사한다. 월트 디즈니의 영화를 보라. 표면적으로는 매우 순수하고, 화려하고, 친절하지만 그 아래에 깔린 것은 주로 두려움이나 마귀적인 주제들이다.

최근 아들과 함께 영화를 보러갔는데, 영화가 시작되기 전에 '스노우 화이트 앤 더 헌츠맨'(Snow White and the Huntsman)이라는 영화의 예고편이 나왔다. 이 영화는 아이들도 보도록 만든 환타지영화였지만, 두려움과 공포스러운 분위기를 조성하는 특수효과를 사용하였다. 원수는 이러한 영화를 통하여 아이들에게 두려움을 심어 놓는다. '해리포터'(Harry Potter)와 같은 영화 또한 상당히 마귀적이다. 그 영화를 본 것은 아니지만, 예고편만 보더라도 이것을 알 수 있다.

만약 당신이 그리스도인이고 이러한 영화를 즐겨본다면, 당신과 하나님과의 관계에는 분명 어떠한 문제가 있을 것이다. 이러한 영화는 주로 마법, 두려움, 마술 등에 대해 긍정적으로 다룬다. 그런데 오늘날 많은 사람들이 해리포터에 빠져 있는 듯하다. 원작인 소설책은 역사에서 찾기 드문 최고의 베스트셀러가 되었다. 왜냐하면 그만큼 사람들이 두려움을 즐기기 때문이다. 두려움은 믿음의 반대이다. 오늘날 모든 세대가 두려움에 빠져 있다. 두려움은 마귀의 권역을 향해 문을 열어놓으며, 인간에게 고통을 가하는 마귀의 능력을 초대한다.

> 원수는 우리의 몸에 직접적으로 해를 가할 수는 없지만, 속일 수는 있다.
> 마귀는 사람들을 속이는 사기꾼과 같다.

⋮

청소년기에도 거룩하지 못한 흐름들이 이어진다. 그들은 '트와일라잇'(Twilight)과 같은 영화나 '뱀파이어 다이어리'(The Vampire Diaries)와 같은 드라마에 중독되어 있다. 뱀파이어, 늑대인간, 피 등은 우리 마음에 두려움을 심어 마귀의 영역으로 빠져들게 한다. 오늘날 모든 젊은 세대가 이러한 영역으로 들어왔다. 심지어 어떤 십대들은 자신들이 진짜 뱀파이어라고 믿는다. 그들은 뱀파이어를 닮은 치아를 만들기 위해 그것을 날카롭게 갈고서 파티에 등장한다. 간혹 실제로 서로 물고 심지어 피를 빨아 먹기도 한다. 무엇이든 당신이 간절히 믿는 그대로 된다. 당신이 마귀적인 것들과 교제하고 그들에 의해 통제되면, 공중에 있는 마귀의 권세가 당신을 제압한다.

할리우드의 배우들은 자신들이 이러한 영향력 아래 놓여 있다는 것을 깨닫지 못한 채 연기한다. 물론 그들은 재능 있는 훌륭한 배우들이지만, 안타깝게도 그들은 그들이 맡은 등장인물의 영향을 받는다. 그들은 대본에 묘사된 인물을 묵상하고 그들의 생각과 행동을 흡수하여 결국 극중 인물화 되어버린다. 이러한 현상으로 인해 빚어진 비극적인 결말이 호주 출신 배우인 히스 레저의 죽음이다.

나는 그의 죽음을 깊이 애도하며, 그의 가족을 위해 기도한다.

그리고 그에게 영향을 끼친 상황에 대하여 매우 안타깝게 생각한다. 히스 레저는 그의 마지막 영화가 된 '다크 나이트'(The Dark Night)에서 악역인 '조커'(Joker)의 역할을 맡았고, 그 인물과 동일화되었다. 그는 조커에 대한 지속적인 묵상을 통해 어두움의 영역으로 가는 잘못된 문을 열었다. "대저 그 마음의 생각이 어떠하면 그 위인도 그러한즉"(잠 23:7). 오래 전 조커 역을 맡았던 경험이 있는 원로 배우 잭 니콜슨은 히스가 극중 인물인 조커에 깊이 빠져드는 것을 염려하여 그에게 경고하기도 하였다. '뉴욕데일리뉴스'(New York Daily News)의 기사는 당시 히스 레저의 심경을 다음과 같이 소개하였다.

> 최근 레저가 어느 기자에게 말하기를, 자신이 '정신착란과 대량살인을 일삼는 정신분열적이고 잔인한 광대 역'을 연기하면서 "하루에 평균 1-2시간밖에 잠을 자지 못했다"라고 하였다. 또한 그는 "나는 그 역할에 대한 생각을 멈출 수 없었다. 내 몸은 점점 지쳐갔지만, 마음은 계속해서 깨어 활동하였다. 처방된 약도 도움이 되지는 못했다"라고 말했다.[1]

---

[1] Joe Neumaier, "Jack Nicholson Warned Heath Ledger on Joker Role," NY Daily News, January 24, 2008, Accessed Febuary 03, 2013, http://www.nydailynews.com/news/jack-nicholson-warned-heath-ledger-joker-role-article-1.340786. 에서 참고하였다.

무엇이든 당신이 간절히 믿는 그대로 된다.

∶

　영국 출신의 영화배우 마이클 케인은 연기는 가끔씩 내가 누구인지를 잊게 만들 정도로 무서운 것이라고 말하였다. 이러한 상황은 어두움에게 문을 여는 통로가 된다. 바로 이것이 히스를 죽음으로 이끈 것이다.

　마귀의 영역을 향해 문을 여는 또 하나의 통로는 종교이다. 불교의 수도승들은 윤회를 믿는데, 여기에 마귀의 개입이 있다. 그들은 영의 세계를 보기 위해 수년간 묵상하며, 두 번째 하늘에서 마귀의 힘을 취한다. 어떤 수도승은 마귀의 힘을 빌려 완전한 귀신들림의 상태로 들어가거나 미치거나 비참한 죽음을 맞기도 한다. 대런 윌슨 감독은 다큐멘터리 '퓨리어스 러브'(Furious Love)에서 티벳 수도승들이 어떻게 영들을 통해 환각현상을 경험하고, 이것이 어떠한 영향을 끼치고 결국 그들을 미치게 하는지를 보여주었다.

　경건한 것들에 대해 나는 여러 가지 예를 들어 필요한 모든 것을 설명하였다. 왜냐하면 마음을 사용한다는 것은 앞에서 설명한 것과 동일한 방법으로 우리를 경건한 길로도 인도하기 때문이다. 즉, 앞에서 설명한 모든 길은 선하고 진실된 것과 반대되는 것이다. 이와는 반대로 우리는 거룩하고 성화된 방법으로 마음을 사용하여 묵상할 수 있다. 영어성경인 NIV(New International Version)는 이와 관련하여 '생각하다'(imagine)라는 단어를 사용하고 있다.

> 우리 가운데서 역사하시는 능력대로 우리가 구하거나 생각하는(imagine)
> 모든 것에 더 넘치도록 능히 하실 이에게 (엡 3:2)

우리는 거룩하고 성화된 방법으로 마음을 사용하여 묵상할 수 있다.

생각(상상)하기는 마음을 사용하는 일이다. 이것을 위해 우리의 눈은 믿음의 주요, 온전케 하시는 예수님께 초점을 맞춰야 한다(히 12:2). 여기서 눈은 영적인 눈을 의미하는데, 이는 상상이나 생각을 사용하는 것을 말한다. 하나님은 우리가 그분을 묵상하기를 원하신다. 사도 바울은 거룩한 곳에 자리한 우리가 위의 것에 초점을 맞춰야 한다고 가르친다.

> 그러므로 너희가 그리스도와 함께 다시 살리심을 받았으면 위의 것을
> 찾으라 거기는 그리스도께서 하나님 우편에 앉아 계시느니라 위의 것
> 을 생각하고 땅의 것을 생각하지 말라 (골 3:1-2)

> 오직 주 예수 그리스도로 옷 입고 정욕을 위하여 육신의 일을 도모하

지 말라 (롬 13:14)

그리고 예수님은 이렇게 말씀하셨다.

나는 너희에게 이르노니 음욕을 품고 여자를 보는 자마다 마음에 이미 간음하였느니라 (마 5:28)

이것은 영 가운데 어떠한 것이 계시되었다는 것을 보여준다. 우리가 생각(상상)을 사용할 때, 그것은 영적인 눈을 사용하는 것이다. 이와 같이 상상력을 사용하면, 영적인 세계로 가는 문이 열리게 된다. 만약 당신이 불경건한 방법으로 마음을 사용한다면, 이것은 두 번째 하늘(이층천)을 열어 욕망의 영을 끌어온다.

이어지는 말씀은 다음과 같다.

만일 네 오른 눈이 너로 실족하게 하거든 빼어 내버리라 네 백체 중 하나가 없어지고 온 몸이 지옥에 던져지지 않는 것이 유익하며 (마 5:29)

'오른 눈'은 당신의 영적인 눈이나 생각(상상)에 대한 은유적 표현이다. 여기에서 예수님이 말씀하시는 것은 만약 당신의 생각이 당신으로 하여금 범죄하게 한다면 그것을 제거해야 한다는 것이다.

사실 우리가 보는 것보다 보지 못하는 것들이 더 실제적이다. 그래서 우리는 더 경건한 일에 집중해야 한다. 종종 더러운 것들을 묵상하는 사람들이 있는데, 오늘날 이것은 인터넷을 통해 만연해 있다. 인터넷에는 최고의 그리고 최악의 정보가 있다. 이것은 마치 우리 시대의 선과 악을 알게 하는 나무와 같다. 사람들은 그들의 눈을 음란물, 폭력, 공포에 고정시키고 있다. 이것은 악한 생각을 작동시켜 마귀의 영역으로 들어가는 문을 연다.

예수님은 만약 눈이 나쁘면 온 몸이 어두울 것이라고 하셨다(마 6:23). 만약 당신이 더러운 것을 향하는 문을 연다면, 당신의 생각창고에는 부정적인 생각들이 저장되기 시작한다. 그리고 그것들은 당신의 묵상의 초점이 되며, 결국 사단을 당신의 마음에 초청하게 된다.

> 사실 우리가 보는 것보다 보지 못하는 것들이 더 실제적이다.

사단은 지옥에서 이룬 것같이 이 땅에서도 이룬다. 당신이 얼마나 자주 다음과 같은 질문을 받고 있는지 생각해보라. "도대체 세상이 왜 이러지?" 우리는 매일 참담한 뉴스를 듣는다. 이것은 사람들이 경건하지 않은 것을 묵상한 결과이다. 우리는 지구상에 지옥이 실현되는 것을 보고 있는 것이다.

그러나 이러한 생각의 패턴을 우리는 거룩하고 성화된 방법으로 역이용할 수 있다. 그리고 거룩한 생각을 사용함으로 주님과 친밀한 관계를 맺을 수 있다. 주 예수 그리스도께서는 거룩한 길로서 우리의 영원한 연인이요, 어머니이며, 아버지이고, 형제다. 우리는 성화된 방법으로 영적인 눈을 사용하여 영과 진리로 하나님을 예배할 수 있다. 이것을 통해 우리는 영이 활성화되는 것을 목도하게 될 것이다.

하나님의 말씀을 기초로 하는 그분의 약속을 묵상하라. 우리가 하나님을 추구하기 위해 생각을 사용할 때, 천국의 문은 열릴 것이다. 이것은 우리의 영 안에서 일어나게 된다. 예배하면서 생각을 사용할 때, 당신은 실제로 주님을 향해 문을 여는 것이다. 이것은 그리스도인의 예배의 기본요소이다.

> 볼지어다 내가 문 밖에 서서 두드리노니 누구든지 내 음성을 듣고 문을 열면 내가 그에게로 들어가 그와 더불어 먹고 그는 나와 더불어 먹으리라 (계 3:20)

> 문들아 너희 머리를 들지어다 영원한 문들아 들릴지어다 영광의 왕이 들어가시리로다 (시 24:7)

이 말씀을 통해, 나는 우리가 머리를 드는 것이 예배의 한 형태라는 것을 발견하였다. 예수님께서는 세상의 고통을 볼 때, 머리를 들고 비로소 때가 가까웠음을 알아야 한다고 말씀하셨다(눅 21:28). 때로 머리를 드는 것이 예배가 될 수 있다. 우리는 이 땅에서 하나님의 왕국으로 통하는 문이다. 나는 태고의 문들(the ancient doors)이 영적 권역으로 들어가는 입구가 된다고 믿는다. 우리는 영적 영역으로 들어가는 문으로서 머리를 든다. 이 예배를 통하여 영광의 왕이 들어오신다. 우리가 이렇게 할 때, 주님과의 관계가 친밀해지고 그분을 만나는 경험을 하게 된다. 이것이 꿈과 환상, 치유를 경험하는 초자연적 만남이다. 하늘왕국의 계시는 계시적인 영역을 통해 드러난다.

여기서 잠깐 하나님을 예배함으로 치유를 받은 간증을 나누고 싶다. 비록 죽을병을 치유 받은 것은 아니지만, 이 경험은 내 인생을 바꾸기에 충분할 만큼 강력한 것이었다. 어느 겨울날, 나는 소파에 누워 하나님과 교제하고 있었다. 가족들은 모두 잠자리에 들었고, 나도 곧 잠이 들었다. 그러다가 화장실에 가고 싶어서 깼는데, 뜻대로 몸이 움직여지지 않았다. 왜냐하면 마룻바닥이 아주 차가웠기 때문이다. 발에 신을 슬리퍼조차 없었다. 더 중요한 것은, 내가 두려워했다는 것이다.

내가 어렸을 때, 어머니가 추울 때는 반드시 신발을 신으라고 말씀하시곤 했다. 그 영향으로 나는 맨발로 다니지 못했고, 맨발로 다니면 항상 콧물이 흐르기 시작했다. 할아버지도 어머니와 비슷한 말씀을 하시곤 했다. 맨발로 다니면 감기에 걸린다고 말이다.

> 우리는 이 땅에서 하나님의 왕국으로 통하는 문이다.

    그분들은 깨닫지 못했지만, 사실 그들의 말은 나에게 저주가 되어 나의 생각을 묶어놓은 것이다. 따라서 성인이 되었어도 찬 바닥을 맨발로 걸으면, 어김없이 곧장 콧물이 나와 며칠 가기도 하였다. 저주가 된 말로 인해 나의 혼(정신)은 어머니와 할아버지에게 묶여 있었고, 이것은 나의 건강을 해치는 원수의 공격을 허락하였다.

    그날 밤 소파에 누워 있을 때, 어머니의 음성이 메아리처럼 들려왔다. "이제 곧 콧물이 나올 거야!" 그러나 나는 주님을 예배하기 시작했다. 나는 그분의 임재로 돌아가기 원했다. 그래서 그분께 무엇을, 어떻게 해야 할지 여쭤보았다. 주님은 생각을 사용하여 하나님의 말씀을 묵상하라고 하셨다. 주님은 "너희가 내 안에 거하고 내 말이 너희 안에 거하면 무엇이든지 원하는 대로 구하라 그리하면 이루리라"(요 15:7)고 말씀하셨다. 이 약속에 의거하여, 나는 상상(생각)을 사용하여 바닥이 따뜻해졌다고 생각하였다. 그리고 비로소 일어나 맨발로 화장실까지 걸어갔다. 그리고 다시 소파로 돌아왔을 때, 콧물은 전혀 나오지 않았다!

당신은 어쩌면 이것을 대수롭지 않게 여길지도 모른다. 그런데 이것은 나에게 정말 큰일이었다. 왜냐하면, 그때까지 차가운 바닥을 맨발로 걸으면 항상 콧물을 흘렸기 때문이다. 그러나 하나님께서는 내가 생각을 사용하여 이 두려움에서 해방되도록 도우셨다.

이 경험 이후에, 나는 깊은 잠에 빠져 세 번째 하늘인 삼층천에서 주님과 만나는 환상을 보았다. 나는 아주 넓은 유리바다 위를 걷고 있었다. 순간 사도 요한이 세 번째 하늘에 올리움을 받은 장면이 떠올랐다. "보좌 앞에 수정과 같은 유리 바다가 있고 보좌 가운데와 보좌 주위에 네 생물이 있는데 앞뒤에 눈들이 가득하더라"(계 4:6). 나는 이 말씀에 소개된 보좌는 보지 못했지만, 유리바다 위를 걸은 것이다. 동시에 내 폐에서 뿜어져 나오는 생명력이 느껴졌다. 나는 정말 살아 있음을 느꼈다. 나는 그곳이 놀라운 장소라고 생각하였다. 그 이후, 유리바다가 난방이 되는 것처럼 느껴졌다. 그것은 매우 편안하고도 경이로운 느낌이었다. 감정적으로만이 아니라 신체적으로 발끝에서부터 따뜻함이 느껴졌다.

그때 하나님의 영이 말씀하셨다. "무엇을 구하든지 하늘에서는 이미 존재한단다. 예수의 말대로 네가 무엇을 구하든지 여기에 이미 이루어졌단다." 이것은 하나님께서 당신 안에 넣어두신 성화된 간구와 갈망이 이미 하늘에 존재한다는 말이다. 이 체험 이후 나의 삶은 바뀌었다.

그로부터 1주일이 지났다. 그날도 나는 주님을 예배하다가 잠시 잠이 들었다. 나는 다시 세 번째 하늘(삼층천)로 올라가 놀라운 유리바다의 경험으로 들어갔다. 이번에는 황금빛의 돔모양으로 보이는 하나님의 보좌에 가까이 나가갔다. 가까이 갈수록 더 밝고 큰 황금빛이 다가왔다. 나는 밝고 영광스러운 빛의 강렬함 때문에 보좌를 볼 수 없었다. 그러나 그곳에 보좌가 있다는 것은 알았다.

"무엇을 구하든지 하늘에서는 이미 존재한단다.
예수의 말대로 네가 무엇을 구하든지 여기에 이미 이루어졌단다."

나는 유리바다에 파묻혀 있는 수정으로 만들어진 수천 개의 텅 빈 의자들을 보았다. 순간 이 의자들이 왜 비어 있는지 궁금해졌다. 아마도 전에 큰 행사가 있었거나 곧 행사가 열릴 것 같아 보였는데, 거기에는 오직 나만 있었다. 하나님의 영은 그 의자들이 천상에서 계시의 이해로 옷 입은 성도들이 앉는 곳이라고 하였다. 주님은 수많은 그리스도인들이 세상의 시민권을 갖고 하나님을 섬기며 영적인 삶을 살아간다고 말씀하셨다. 그런데 문제는 그들이 하나님 안에서의 자신들의 정체성과 천국에 앉는 것이 무슨 의미인지 아직 모른다는 것이었다. 그들은 주어진 신분이 아닌 자신의 힘으로 살아가고 있었다. 그들의 마음은 두려움으로 고통당하고 있으며, 불신으로 인하여 하나님 안에서조차도 안정을 찾지 못하고 있었다.

최근에 나는 다시 주님을 만나는 경험을 하였다. 초자연적인 꿈을 통해서였는데, 나의 모국인 호주로 보이는 곳에서 수많은 군중에게 설교하는 꿈이었다. "나에게로 오세요. 여러분은 하나님의 음성이 들리지 않는다고 말하고 있어요. 그러니 나에게로 오세요. 주님께서 다음과 같이 말씀하십니다. '너희들은 나에게로 와서 하나님의 음성이 들리지 않는다고, 그분의 음성 듣는 것이 어렵다고 말한다. 그런데 사실 너희들은 마귀의 거짓말은 잘 듣는다.' 마귀의 음성을 듣는 것은 두려움, 염려, 혼돈, 의심을 불러일으킵니다. 하나님께서는 영적 시각과 기름부음 받은 생각과 함께 주신 그분의 약속을 붙들라고 하십니다."

> "너희들은 나에게로 와서 하나님의 음성이 들리지 않는다고,
> 그분의 음성 듣는 것이 어렵다고 말한다.
> 그런데 사실 너희들은 마귀의 거짓말은 잘 듣는다."

구별됨의 진정한 의미는 바로 이것이다. 종교적 의식(mentality)은 당신에게 마치 동굴에서 고립되어 사는 것처럼 육체적으로 분리

되어야 한다고 말한다. 그러나 구별됨의 성화된 의미는 바로 당신의 생각을 바꾸는 것이다. 즉, 당신의 마음을 당신의 혼에 결속시키는 대신 하나님의 약속과 그에 속한 것에 붙들어놓도록 훈련하는 것이다. 당신은 하나님의 목적을 끊임없이 묵상하는 영역에 속해 살아야 한다. 그렇게 할 때, 당신에게 말씀하시는 주님의 주권적인 음성을 인식하게 될 것이다. 이것을 실천할 때, 우리는 이 땅의 부흥을 경험하며 우리가 속한 공동체가 변화되는 것을 목도하게 될 것이다. 지금이야말로 예수님이 걸으셨던 그 길을 걸어야 할 때이다.

당신은 온전한 평강 가운데 걷게 될 것이다. 그리고 건강한 마음과 함께 권위를 갖게 될 것이다. 사도 바울은 이렇게 말하였다. "하나님이 우리에게 주신 것은 두려워하는 마음이 아니요 오직 능력과 사랑과 절제하는 마음이니"(딤후 1:7). 당신은 두려움과 고통의 영역이 아닌 온전한 평강 가운데 있게 될 것이다. "주께서 심지가 견고한 자를 평강하고 평강하도록 지키시리니 이는 그가 주를 신뢰함이니이다"(사 26:3). 우리가 하나님을 신뢰할 때, 완전한 평강이 우리에게 임할 것이다.

> 끝으로 형제들아 무엇에든지 참되며 무엇에든지 경건하며 무엇에든지 옳으며 무엇에든지 정결하며 무엇에든지 사랑 받을 만하며 무엇에든지 칭찬 받을 만하며 무슨 덕이 있든지 무슨 기림이 있든지 이것들을 생각하라 너희는 내게 배우고 받고 듣고 본 바를 행하라 그리하면 평강

의 하나님이 너희와 함께 계시리라 (빌 4:8-9)

> 우리가 하나님을 신뢰할 때,
> 완전한 평강이 우리에게 임할 것이다.

인간의 마음은 매우 강하다. 나는 우리의 성화된 생각이 초자연적인 삶 가운데 매우 큰 비중을 차지한다고 믿는다.

CHAPTER
8

초자연적으로 살기

CHAPTER 8

초자연적으로 살기

앞에서 나는 이미 간증과 체험, 하나님과의 만남에 대해 수차례 언급하였다. 초자연적인 삶, 천국 방문, 천사와의 만남, 환상을 보는 것은 이미 나의 삶의 일부가 되었다. 이러한 경험을 통해 주님을 만나는 것은 놀라운 일이다. 그런데 하나님의 영광의 통로가 되어 이러한 경험의 실제를 더 큰 공동체와 나누는 것은 또 다른 이야기이다.

엿새 후에 예수께서 베드로와 야고보와 그 형제 요한을 데리시고 따로 높은 산에 올라가셨더니 그들 앞에서 변형되사 그 얼굴이 해 같이 빛나며 옷이 빛과 같이 희어졌더라 그 때에 모세와 엘리야가 예수와

더불어 말하는 것이 그들에게 보이거늘 (마 17:1-3)

하나님의 영광이 임하자 제자들은 예수님과 엘리야 그리고 모세가 대면하는 영광스런 장면을 목도했다. 나는 여기서 제자들이 예수님의 진정한 형상을 보았을 것이라고 믿는다. 그들은 영원한 영역, 전혀 다른 시간대에 있었다. 진정으로 예수님이 어떤 분이신지를 본 것이다. 그분은 알파와 오메가 즉 처음과 나중, 시작과 끝이시다. 제자들이 예수님이 엘리야와 모세와 서서 이야기 나누시는 것을 보았을 때, 나는 시간이 잠시 멈추었다고 믿는다. 시간, 공간, 사건이 이 영적인 영역에서는 존재하지 않았다. 그리고 이것은 세상 무엇보다 더 분명한 실재였다.

베드로는 하나님의 영광 가운데 경외감으로 충만하여 세 개의 장막을 세우기를 원했다. 아마도 그러한 체험을 벗어나 현실로 나오고 싶지 않았기 때문일 것이다. 간혹 어떤 주석서에서는 베드로가 그때 무슨 말을 하는지 자신도 몰랐을 것이라고 말하기도 하지만 말이다. 산에서 내려오면서 주님은 제자들에게 그들이 본 환상에 대해서 누구에게도 말하지 말 것을 부탁하셨다. 그 다음 이어진 사건을 살펴보자.

그들이 무리에게 이르매 한 사람이 예수께 와서 꿇어 엎드려 이르되 주여 내 아들을 불쌍히 여기소서 그가 간질로 심히 고생하여 자주 불에도 넘어지며 물에도 넘어지는지라 내가 주의 제자들에게 데리고 왔으나 능히 고치지 못하더이다 예수께서 대답하여 이르시되 믿음이 없고 패역한 세대여 내가 얼마나 너희와 함께 있으며 얼마나 너희에게 참으리요 그를 이리로 데려오라 하시니라 이에 예수께서 꾸짖으시니 귀신이 나가고 아이가 그 때부터 나으니라 이 때에 제자들이 조용히 예수께 나아와 이르되 우리는 어찌하여 쫓아내지 못하였나이까 (마 17:14-19)

여기서 베드로, 야고보, 요한은 변화산의 경험과 전혀 반대 양상을 경험하였다. 제자들의 믿음 없음이 문제였는데, 그들은 변화산에서 경험한 하나님의 영광을 산 아래로 가져오는 법을 알지 못했을 뿐만 아니라 그 통로가 되지도 못한 것이다. 예수님은 하나님의 영광의 통로로서 우리의 선두주자가 되신다. 주님께서 십자가에서 이루신 일을 통해 우리는 그분께서 가지신 모든 것을 기업으로 받는다. 그러므로 우리는 그분의 통로가 되는 것이다. 주님 안에서 모든 것을 가졌다는 것, 이것이 바로 그리스도인으로서의 아름다움인 것이다.

제자들에게 변화산에서의 경험은 단지 경험일 뿐 생명의 길이 되지 못했다. 그래서 그들이 산 아래에서 실패를 경험하였다. 그들은 예수님이 어제도 오늘도 그리고 영원히 동일하신 주님이라는 것을 깨닫지 못한 것이다. 우리는 우리 안에 계신 예수님을 정확히 알아야 한다. 처음과 마지막이신 그리고 산 위에서 변화하신 예수님을 말이다.

하나님의 은혜로 나는 예언자적이고 초자연적인 삶을 살게 되었다. 일중독에 빠졌던 사업가의 길에서 벗어나 초자연적인 삶의 영역으로 들어온 것이다. 10년 전쯤 나는 영적인 삶과 예언자적인 은사를 놓고 간절히 구하고 있었다. 몇 차례 하나님과의 대면이 있었지만, 그 체험을 가지고 무엇을 해야 할지 몰랐다. 마치 나의 체험이 무용지물처럼 느껴졌다.

당시 내가 출석하던 교회의 목사님은 "아담, 주님은 수평적이기보다는 수직적이시라네"라고 말했다. 그 말은 내가 자연적 상태에서는 쓸모없다는 의미였다. 아무리 내가 산꼭대기에서 하나님을 만나는 체험을 했을지라도, 다시 자연적 상태로 돌아오게 되는 것이다.

> 제자들에게 변화산에서의 경험은
> 단지 경험일 뿐 생명의 길이 되지 못했다.

나는 모든 것에는 때가 있다고 믿는다. 전도서 3장은 모든 것에 때가 있다고 가르친다. 따라서 주님을 기다려야 할 때가 있고, 움직여야 할 때가 있다. 사도들 또한 이것을 경험하였다.

사도와 함께 모이사 그들에게 분부하여 이르시되 예루살렘을 떠나지

말고 내게서 들은 바 아버지께서 약속하신 것을 기다리라 (행 1:4)

그들은 능력을 얻기 위하여 기다려야만 했다. 그러던 중 하나님께서 제자들에게 성령을 부어주셨고, 그들은 오순절에 초자연적인 역사를 경험하였다(행 2장). 은유적으로 하자면, 변화산에서의 경험을 한 것이다. 성령으로 충만한 베드로는 선지자 요엘의 말씀을 인용하여 강력한 설교를 쏟아내었다. 그 이후 제자들이 발을 내딛을 때마다 초자연적인 징표와 이적이 일어났다. 이것은 말 그대로 세상을 흔들어놓았다.

그런데 몇몇 제자들은 예루살렘에서 경험한 것 가운데 머물기를 원했다. 그러던 중 예루살렘 교회 가운데 핍박이 일어났다. 제자들이 예루살렘에 남아 있으려고 하자 박해가 시작된 것이다. 이 일로 제자들은 곳곳으로 흩어져 가는 곳마다 복음을 전했다. 빌립은 초자연적인 방법으로 에디오피아인 내시에게 복음을 전했고, 그 내시는 구원을 받았다(행 8:26-40).

오늘날 교회들에게 산꼭대기 체험과 하나님의 임재의 계시는 매우 유익하다. 그러나 그분의 임재를 공동체로 가져오지 않는다면, 우리는 그분의 영광의 통로가 될 수 없다. 주님이 하셨던 것처럼 우리도 그렇게 해야 한다. 영광의 체험이 표적과 이적을 통해 드러나지 않는다면, 핍박이 일어날 것이다.

우리 주변에는 우리 공동체에 영향력을 행사하려는 종교들이 수없이 많다. 또한 우리 사회를 관통하여 그리스도를 대적하는 영이 역사한다. 어떤 종교는 경제적 부요함을 무기 삼아 접근한다. 그럼에도 불구하고 그리스도의 공동체는 하나님 나라를 위해 일어나야 한다. 우리는 믿음으로 나아가든지, 핍박으로 인해서라도 끌려나가든지 해야 한다.

> 그러나 그분의 임재를 우리의 공동체로 가져오지 않는다면 우리는 그분의 영광의 통로가 될 수 없다. 예수님이 하셨던 것처럼 우리도 그렇게 해야 한다. 영광의 체험이 표적과 이적을 통해 드러나지 않는다면, 핍박이 일어날 것이다.

기적을 통한 공동체의 변화

하나님이 나사렛 예수에게 성령과 능력을 기름 붓듯 하셨으매 그가 두루 다니시며 선한 일을 행하시고 마귀에게 눌린 모든 사람을 고치셨으니 이는 하나님이 함께 하셨음이라 (행 10:38)

우리는 표적과 이적과 함께 초자연적인 삶을 공동체 가운데로 가져와야 한다. 가난한 사람들을 도우라. 하나님의 본질은 사랑이다. 우리는 그분의 사랑을 드러내야 한다. 예수님의 초자연적인 속성과 우리에게 주어진 은사는 가난한 사람들이 진리를 받을 수 있도록 문을 열어준다. "사람의 선물은 그의 길을 넓게 하며 또 존귀한 자 앞으로 그를 인도하느니라"(잠 18:16). 여러 가지 면에서 이것은 당신의 은사에 대해서 말하고 있다. 이것은 표적과 이적을 동반한 초자연적 체험을 가져오는 성령의 은사에 적용할 수 있다. 이것은 길을 닦고 말씀을 증거하도록 기반을 세워 예수 그리스도의 복음이 만민에게 증거되도록 한다. 기적은 모든 사람들에게 주목을 받는 현상이다. 이제 한 나라에 강한 충격을 주었던 기적에 관한 이야기를 나누고자 한다.

토미 힉스는 아르헨티나 부흥의 기폭제가 된 인물이다. 그전까지 그는 무명의 사람이었다. 하나님을 더 깊이 경험하기 원했던 그는 40일간 금식을 하였다. 그렇지만 아무런 변화도 일어나지 않았다. 그래서 그는 다시 40일 금식에 들어갔다. 그래도 아무 일도 일어나지 않았다. 그는 또다시 40일간 금식하였다. 세 번째 40일 금식이 끝난 후, 그는 주님의 천사를 만났다. 천사는 미국 플로리다에 살던 그에게 모든 소유를 다 팔고 아르헨티나로 가라고 하였다. 비슷한 시기에 그의 아내가 환상을 보았는데, 토미가 아르헨티나 지도 모양의 보리밭에서 낫질을 하고 있는 모습이었다. 토미는 하나님의 부르심에 순종하여 아르헨티나로 떠났다. 비행기 안에서 그는 페론(Mr. Peron)이란 사람에게 말씀을 전하라는 음성을 들었다.

⋮

이것은 길을 닦고 말씀을 증거하도록 기반을 세워
예수 그리스도의 복음이 만민에게 증거되도록 한다.
기적은 모든 사람들에게 주목을 받는 현상이다.

⋮

토미는 페론이라는 사람이 누구인지 전혀 알 길이 없었다. 그는 승무원에게 혹시 아르헨티나에 사는 페론이라는 사람에 대해 아느냐고 물어보았다. 그녀는 당연하다는 듯한 얼굴로 대통령의 이름이 후안 페론이라고 말해주었다.

아르헨티나에 도착한 토미는 바로 의회로 가서 경비병에게 대통령을 만날 수 있느냐고 물었다. 무장한 병사는 토미를 향해 웃으며 말했다. "모든 국민이 그를 보기를 원합니다. 제 어머니도 마찬가지입니다." 토미는 병사에게 하나님께서 페론 대통령에게 아르헨티나에서 치유집회(healing crusade)를 개최하라고 말씀하셨다고 설명해주었다. 토미의 이야기를 매우 진지하게 듣던 병사는 하나님께서 자신을 치유하실 수 있느냐고 물었다. 그는 C형간염을 앓던 중이었다. 토미는 바로 그의 손을 잡고 그를 위해 간절히 기도하였다. 그러자 즉시 그 병사가 치유되었다. 병사는 고마워하며 토미에게 "내일 여기로 다시 오십시오. 제가 대통령을 뵐 수 있게 해드리겠습니다"라고 말했다.

이 이야기는 즉시 대통령에게 전해졌고, 다음날 토미는 대통령을 만날 수 있었다. 대통령은 토미에게 자신이 무엇을 도우면 되는지 물었다. 토미는 하나님께서 아르헨티나에서 치유집회를 열 것을 명령하셨는데, 이를 위해 집회를 열 장소와 언론사를 동원해줄 것을 부탁하였다. 이야기를 듣던 페론은 간절한 눈빛으로 토미에게 예수님이 자신을 치유해주실 수 있는지 물었다. 당시 페론은 피부가 급격히 건조해져서 심하게 갈라지는 질병을 앓고 있었기 때문이다. 토미는 즉시 페론의 손을 붙들고 그를 위해 기도하였다. 그러자 하나님의 능력이 페론에게 임하여 그의 피부가 깨끗하게 치유되었다.

치유의 기적을 경험한 페론은 토미가 요구하는 모든 것을 전적으로 지원하였다. 당시 상황에 대해 한 신문기사는 이렇게 기록하고 있다.

> 2만 5천석의 아틀란틱 스타디움의 자리가 꽉 찼다. 이후에는 11만 명이 앉을 수 있는 후라칸 축구경기장도 인파로 넘쳐났다. 2개월 동안 3백만 명의 사람들이 집회에 참석하여 30만 명이 그리스도께 삶을 드렸고, 셀 수 없는 많은 군중들이 놀라운 치유를 경험하였다.[2]

---

[2] Tony Cauchi, "Tommy Hicks," Voice of Healing, January 2012, accessed February 06, 2013, http://www.voiceofhealing.info/05otherministeries/hicks.html.

집회 가운데 일어난 치유의 기적은 매우 강력하였다. 그로 인해 집회 후 더 이상 필요 없게 된 산더미같이 쌓인 목발과 휠체어를 실어 나르기 위해 여러 대의 트럭이 동원될 정도였다.

⋮

토미는 즉시 페론의 손을 붙들고 기도하였다.
그러자 하나님의 능력이 페론에게 임하여
그의 피부가 깨끗하게 치유되었다.

⋮

1900년대 초반 웨일즈 부흥운동을 주도한 에반 로버츠는 집회를 앞두고 강력한 성령님의 역사로 수많은 영혼이 구원 받도록 기도하였다. 그러던 중 앞으로 일어나게 될 일들에 관한 확증으로 두 가지의 환상을 보았다.

그는 불에 타는 양초를 보았는데 그 뒤에 태양이 떠오르고 있었다. 에반은 현재의 축복은 강렬히 타오르는 태양 앞의 초라한 양초에 불과하며, 지금과는 비교도 할 수 없는 부흥과 영광의 물결이 웨일즈에 넘쳐날 것이라고 말하였다. 또 다른 환상은 에반이 달을 바라보고 있던 그의 절친한 친구인 시드니 에반스를 보았을 때 임하였다. 그가 친구에게 무엇을 보았느냐고 물었을 때, 놀라운 대답이 돌아왔다. 그의 친구도 그와 똑같은 환상을 보고 있었기 때문이다. 그들이 본 것은 팔처럼 생긴 것이 달에서 나와 웨일즈로 향하는 환상이었다. 에반은 그와 같은 모습으로 웨일즈에 부흥이 임할 것이라고 확신하였다.3)

그렇게 시작된 웨일즈 부흥운동은 한 국가를 변화시켰다. 그리고 이 부흥은 역사상 가장 강력했던 부흥으로 기록되었다. 이것은 곧 전 세계로 확산되었다. 당시 경찰서에서는 근무하던 경찰들을 해고시켜야만 했다. 더 이상 범죄가 일어나지 않아 할 일이 없어졌기 때문이다. 술집이 문을 닫았고, 술을 사는 자들도 사라졌으며, 집장촌은 매춘부들이 회개하고 거듭나자 하루 종일 주님을 찬양하고 예배하는 가정교회로 바뀌었다. 심지어 해마다 열리던 축구경기의 결승전도 역사상 처음으로 열리지 않았다. 이 모든 일들이 부흥으로 인해 일어난 것들이다. 한 개인에게 임한 환상에서 시작된 이 부흥은 공동체에 영향을 미치고, 국가 전체에 널리 퍼졌으며, 결국 다른 나라에까지 확산되었다.

---

3) Tony Cauchi, "Evan Roberts," Revival Library, November 2007, accessed February 06, 2013, http://www.revival.library.org/pensketches/revivalists/robertse.html.

경찰서에서는 근무하던 경찰들을 해고시켜야만 했다.
더 이상 범죄가 일어나지 않아 할 일이 없어졌기 때문이다.
술집이 문을 닫았고, 술을 사는 자들도 사라졌으며,
집창촌은 매춘부들이 회개하고 거듭나자
하루 종일 주님을 찬양하고 예배하는 가정교회로 바뀌었다.

산 위의 경험을 산 아래로

당신도 하나님의 영광의 통로가 되어 공동체를 변화시킬 수 있다. 나는 당신이 본 것을 가지고 어떻게 한 걸음 내디딜 수 있는지에 대해 알려줄 것이다. 그리고 산 위의 경험을 어떻게 산 아래로 가지고 내려올 수 있는지를 설명할 것이다. 하늘로부터 받은 환상과 대면 즉, 하나님께서 당신에게 보여주신 것은 공동체와 공유되어야 하며, 현실 속에서 실현되어야 한다.

이것을 위해 나는 먼저 주님을 예배한다. 나는 생각을 사용하여 하나님의 임재에 흠뻑 젖는다. 그리고 하나님을 기다리는 장소로 나간다. 이것은 잠과 같은 황홀경 상태인데, 이때 하나님께서는 집회나 일상의 삶 가운데서 내게 원하시는 일들을 보여주신다. 이것이 당신에게 주고 싶은 가르침의 큰 그림이다.

많은 실수가 있긴 했지만, 나는 성장하기 위해 배워야 했다. 나에게 많은 환상이 임하였지만, 그것을 가지고 무엇을 어떻게 해야 할지 알지 못했던 때가 있었다. 또한 많은 사람들에게 환상이 임하였지만, 그들도 무엇을 해야 할지 알지 못했다. 그들에게 주님의 성령이 말씀하시는 것들에 대한 분별력이 아직 임하지 않았기 때문이다. 이것이 그들에게 일보전진을 원하시는 하나님의 말씀이건 아니면 단순히 은유에 불과하건 말이다. 당신이 이것을 훈련할수록 맡겨진 사명을 더 잘 감당하게 될 것이고, 예언적 부르심 안에서 성장하게 될 것이다.

언젠가 나는 한쪽 눈을 심하게 다친 한 남자의 환상을 보았다. 그는 눈을 잃은 자리에 유리로 된 인조눈을 넣었는데, 눈꺼풀에는 가짜 속눈썹까지 붙였다. 그 눈을 보자니 정말 보기 흉했다. 나는 왜 내가 그걸 봐야 하는지 의문스러웠다. 2시간 후 나는 자동차 타이어 교환을 위해 정비소에 가야 했다. 그런데 정비소에 가니 가짜 속눈썹에 인조눈을 가진 그 남자가 있는 것이 아닌가! 외과의사는 분명히 그의 눈을 제대로 봉합하기 위해 최선을 다했을 것이다. 그럼에도 불구하고 그 눈은 보기가 싫을 정도여서 시선을 어디에 두어야 할지 몰라 난감했다.

정비를 다 마친 나는 집으로 돌아가면서 하나님께 왜 보기 싫은 그 눈을 보게 되었는지 여쭤보았다. 주님은 "아담, 정신 차려라! 내가 그것을 보여준 이유는 그를 위해 기도하라고 그런 거였다. 그래서 그 남자를 너에게 보여준 거란다"라고 말씀하셨다. 다음날 하나님께서는 나에게 그때 그 남자를 위해 기도했더라면 고쳐주셨을 것이라고 하셨다. 나는 매우 부끄러웠다. 누군가의 치유를 위해 기도할 수 있는 기회를 놓쳤으니 말이다. 내가 하는 이야기들이 논쟁거리가 될 수 있다는 것을 알지만, 이것은 모두 사실이다.

우리는 성경을 읽고 묵상해야 한다. 이것은 우리 안에 저장되는 로고스의 말씀이다. 내 안에도 이 로고스의 말씀이 뿌려졌다. 말씀은 씨앗과 같다. 우리 안에 말씀의 씨앗을 심는 것은 매우 중요한 일이다. 나는 성경구절을 찾아내어 인용하고, 수많은 구절들을 암송하며, 이야기로 풀어서 나눈다. 그리고 수많은 그리스도인들이 그렇게 한다. 그런데 하나님은 이 씨앗들이 계시가 되기를 원하신다. 말씀이 계시가 되면 레마의 말씀이 되는데, 이것은 우리가 믿음으로 일보전진하도록 돕는다. 계시는 켜진 불과 같아서 당신으로 하여금 말씀의 의미를 이해하도록 돕고, 그 말씀이 살아서 역사하게 한다.

이것이 예수님께서 나에게 가르쳐주신 방법이다. 이것은 실제로 매우 강력하다. 이제 이것을 삶 가운데 어떻게 적용하는지에 대해 나누도록 하겠다. 나는 이 과정 가운데 수많은 기적을 목도하였다. 어떻게 하나님의 임재에 적셔지고 주님을 기다리는지에 대해서는 앞에서 이미 나누었으니 참고하기 바란다.

하나님이 환상을 보여주실 때, 나는 그것을 바로 붙잡는다. 내가 본 이미지, 환상, 말씀을 즉시 종이에 적어놓는 것이다. 그러면 하나님께서 나에게 집회나 개인적인 삶 가운데 무엇을 원하시는지 보여주신다. 그러면 나는 다시 임재로 들어가고 생각을 사용하기 시작한다.

계시는 켜진 불과 같아서 당신으로 하여금 말씀의 의미를 이해하도록 돕고 그 말씀이 살아서 역사하게 한다.

만일 환상 중에 특별한 머리 색깔을 가진 다리를 저는 한 여자를 본다면, 나는 그것을 바로 메모한다. 그리고 임재로 적셔지는 장소로 나아가 그 이미지에 대해 생각하기 시작한다. 나는 생각 속에서 그 여자에게 다가서서 손을 뻗어 그녀를 위해 기도할 것이다. 그러면, 짧았던 그녀의 한쪽 발이 자라나고 다른 발과 균형을 이루는 것을 마음으로 보게 될 것이다. 나는 이 이미지가 실재가 될 때까지 계속해서 생각한다. 이렇게 영적인 눈과 생각을 활성화할 때, 기적을 경험하게 된다.

나는 생각과 시각화 사이가 어떠한 선으로 연결되어 있다고 본다. 시각화는 당신의 마음에 저장된 과거의 경험들을 기억하는 것인데, 간증이나 이야기들을 묵상하고 그것들이 잘 떠오르도록 마음에서 저어주는 것이다. 예수님은 제자들과의 마지막 저녁식사 중에 떡을 떼시며 "너희가 이를 행하여 나를 기념하라"(눅 22:19)고 말씀하셨다. 주님은 제자들에게 과거의 경험을 현재로 가져 오라고 격려하신 것이다. 생각은 매우 창조적이다. 이것의 초점은 미래에 당신이 행해야 할 새로운 경험이다.

초자연적인 세계로 들어가기 위해서는 우리 마음에 새겨진 과거의 경험에 관한 이미지들이 살아나야만 한다. 그래야 우리가 그것들 위에서 시작할 수 있다. 하나님은 잠재의식 가운데 우리가 성령으로부터 받은 환상을 통해 무엇을 해야 할지 보여주신다. 과거의 경험, 기적, 간증을 묵상하는 것은 미래의 새로운 경험, 기적, 간증을 성공적으로 창조하는 데 큰 도움이 된다. 이것은 주 안에서 당신의 믿음을 세우며, 당신에게 힘을 준다.

예수님의 증언(간증)은 예언의 영이다(계 19:10). 하나님은 우리가 과거의 간증들을 기억하고, 그것들을 하나님의 말씀에 기초하여 재창조하기를 원하신다. 만약 당신이 놀라운 기적을 원한다면, 당신의 마음 가운데 새로운 이미지를 창조해야 한다. 또한 이 창조는 하나님의 말씀에 기초한 것이어야 한다. 이사야는 "그가 채찍에 맞으므로 우리는 나음을 받았도다"(사 53:5)라고 증거한다. 우리는 이 말씀의 기초 위에 구체적인 이미지를 창조하여 새로운 기적을 경험하게 된다.

생각은 상당히 강력하다. 하지만 안타깝게도 우리는 어린 시절에 생각을 사용하는 것에 대해 충분히 격려받지 못하였다. 어떤 사람들은 생각의 사용을 강하게 부인하며, 이것이 결국 우리를 실망시킬 것이라고 말한다. 그러나 그리스도인이건 아니건 간에 보통 한 분야에서 성공한 사람들은 공통적으로 큰 꿈을 꾸었고, 그것을 기반으로 행동하였다는 것을 알 수 있다. 따라서 당신이 기적과 표적, 이적에 대해 더 많이 생각할수록 그것을 직접 경험할 수 있을 것이라고 확신하게 될 것이다.

"믿음은 바라는 것들의 실상이요 보이지 않는 것들의 증거니"(히 11:1). 이 구절을 기초로 하여 나는 당신의 생각이 '바라는 것'으로부터 오며, 당신이 이것을 더 많이 사용할수록 그만큼 믿음이 성장하게 될 것이라고 믿는다. 이렇게 함으로써 당신은 생각 위에 행동하는 힘을 얻으며, 이것을 선포할 수 있다. 그런데 이것을 말로 할 때 조심해야 한다. 이것이 그냥 인간의 긍정적인 말에 그치고, 그 안에 믿음이 없으면 무용지물이 되기 때문이다. 따라서 우리는 믿음을 가져야 한다. 당신이 창조한 생각을 선포할 때, '그것이 무엇인지 나는 알고 있다'라는 확신이 필요하다. 레마의 말씀 위에 믿음을 더할 때, 현실이 된다.

>
> 그리스도인이건 아니건 간에 보통 어떤 분야에서
> 성공한 사람들은 공통적으로 큰 꿈을 꾸었고
> 그것을 기반으로 행동하였다는 것을 알 수 있다.

생각을 사용하라

나의 생각하는 힘은 매우 강해졌다. 이것은 수년에 걸쳐 이것을 사용하고 발전시키는 법을 배운 결과다. 이와 관련하여 홍콩에 갔을 때 있었던 일을 소개하겠다. 집회 전, 나는 주님과 함께 시간을 보내고 있었다. 당시 내 손에는 물병이 쥐어져 있었다. 그때 환상이 임하였는데, 하늘로부터 연결된 황금으로 된 관으로 기름이 흐르고 있었다. 나는 바로 환상으로 본 이미지 위에 생각을 사용하기 시작하였다. 먼저 마음으로 관을 볼 수 있었고, 그리고 내 자신이 기름을 붓고 있는 모습을 볼 수 있었다. 계속해서 그 이미지를 반복하여 생각하면서, 마음이 더 강해짐을 느꼈다. 그때 깨닫지는 못했지만, 나는 이미 마음에 있는 이미지를 행동으로 옮겨 잡고 있던 물병의 물을 바닥에 붓고 있었다!

당신이 초자연적인 세계로 더 깊이 들어갈수록 자연 세계와 초자연 세계가 섞이는 지점이 있다는 것을 알게 될 것이다. 그런데 이 두 가지의 차이를 구분하려는 시도에 대해서는 주의해야 한다. 왜냐하면 당신이 하나님의 인도를 벗어나 혼적인 욕망을 따르는 거룩하지 못한 방법을 취할 수 있기 때문이다.

인자야 너는 이스라엘의 예언하는 선지자들에게 경고하여 예언하되 자기 마음대로 예언하는 자에게 말하기를 너희는 여호와의 말씀을 들

으라 (겔 13:2)

　이 구절은 선지자들이 혼적인 욕망에서 비롯된 생각으로 예언하였다는 것을 명백하게 보여준다. 이 선지자들은 마치 지켜야 할 초소를 지키지 않는 경비병과 같았다. 그들은 하나님의 영의 인도하심을 따라가지 못했다. 하나님의 음성을 듣지 못한 것이다. 대신 그들은 임의로 예언하였다. 하나님의 인도를 벗어나 단지 점을 친 것이다.

　이처럼 우리는 혼의 영역으로부터 비롯된 생각을 사용하지 않도록 주의해야 한다. 생각을 사용하는 것에는 큰 책임이 뒤따른다. 여기에는 하나님의 영광을 드러내는 믿음이 사용되어야 한다. 만일 부정적 견해나 의도로 사용한다면, 어두움으로 향하는 문을 열게 되어 간악함과 두려움의 영향을 받게 될 것이다.

　가끔씩은 생각이 너무 생생하여서 심지어 맛보거나 냄새를 맡을 때가 있다. 한번은 정유소의 기름을 생각한 적이 있다. 나는 정유소에서 누군가에게 그리스도를 전하던 경험 위에 생각을 세워나갔다. 생각이 세워지면서 나는 실제로 기름 냄새를 맡았다. 친구인 캐시 월터스는 영의 세계로 들어가 각종 다양한 향기를 맡기도 한다. 그녀의 마음과 영이 하나님의 영을 향해 열려 있기 때문이다. 그녀는 자연 세계에서처럼 영의 세계에서도 눈으로 보고 냄새를 맡고 맛을 볼 수 있다.

> 우리는 혼의 영역으로부터 비롯된 생각을 사용하지
> 않도록 주의해야 한다.

예를 들어, 당신이 식당에 갔다고 하자. 그런데 그 식당의 메뉴판에는 음식에 대한 이미지(그림)가 전혀 없고, 모든 것이 글자로만 되어 있다. 그러면 당신은 음식을 시킬 때, 그 음식의 이미지를 떠올려본다. 비록 메뉴판에는 없지만, 경험을 근거로 하여 세워진 이미지를 통해 어떤 음식이 나오게 될지 생각하게 되는 것이다. 그런데 실제로 음식이 나왔을 때, 실망할 수 있다. 왜냐하면 당신이 생각한 것과 실재가 다르기 때문이다. 이럴 때는 보통 다른 사람이 먹는 음식이 더 먹음직스러워 보인다.

한편 아시안 식당들은 메뉴판이나 계산대 카운터에 커다란 이미지를 사용하기로 유명하다. 그 이미지는 얼마나 음식이 먹음직스러운지 보여주며 당신의 식욕을 자극한다. 그리고 당신은 그 음식이 얼마나 맛있을지 생각하기 시작한다. 그래서 당신을 가장 자극하는 음식을 자신 있게 주문한다. 그리고 보통 음식이 나와도 실망하지 않는다. 왜냐하면 당신이 이미 좋은 맛을 기대했기 때문이다.

다른 예를 들어보자. 여기 몇 사람에게 토마토 씨앗을 주었다고 가정해보자. 그리고 그들에게 무슨 씨앗인지는 말해주지 않는다. 만일 그들에게 무슨 씨앗을 가진 것 같냐고 묻는다면, 자신 있게 말하지 못할 것이다. 아마도 토마토 씨라는 것을 간신히 추측만 할 수 있을 것이다. 간혹 씨앗만 봐도 무슨 씨앗인지 아는 사람도 있을 것이다. 그러나 대부분의 사람들은 그것을 직접 심어서 나오는 열매를 보아야만 그것이 무슨 씨였는지를 알게 될 것이다. 만약 당신이 씨앗이 든 봉투를 가졌는데, 그 봉투에 불그스름하게 잘 익은 토마토의 이미지가 그려져 있다면, 당신은 이것이 어떤 씨앗인지 자신 있게 말할 수 있을 것이다. 왜냐하면 씨앗과 관련된 이미지를 보았기 때문이다. 마찬가지로 환상이라는 것은 당신에게 담대함을 주고, 행동할 수 있도록 믿음을 주며, 결국 믿음의 씨앗을 심도록 한다.

환상이라는 말의 다른 표현은 계시이다. 사도 요한은 계시록을 썼는데, 그것은 그가 환상으로 본 계시에 대한 기록이다. 당신이 만일 씨앗과 관련된 환상을 본다면, 그것은 믿음으로 담대하게 나가라는 의미이다. 여기서 씨앗은 하나님의 말씀이다. 당신의 생각은 그 씨앗을 중심으로 발전하고 확신을 갖게 되어 당신에게 담대함을 주고, 선포하고 행동하도록 한다. 위대한 스포츠맨들은 생각을 사용하여 그들의 움직임을 만들어간다. 예를 들자면, 테니스 선수들은 이미 경기 시작 전에 머리속으로 경기에 대한 그림을 그리고 나온다.

비행기 조종사인 나의 처남은 최근에 새로운 항공사에 들어갔다. 따라서 새로운 비행기와 항공경로, 가야 할 나라들에 대한 시뮬레이션 훈련을 받아야 했다. 그는 시뮬레이터를 머리에 쓰고 모든 경로에 대한 자신감이 생길 때까지 반복적으로 연습해야 한다. 그가 운전해야 할 예상 경로를 파악하고 사고 상황에 충분히 대처할 수 있도록 말이다. 이때 그는 이미지를 사용하는데, 그것들을 통해 생각을 훈련하고 또 실제로 비행훈련을 한다. 그런 과정을 통해 훌륭한 비행기 조종사가 되는 것이다.

> 당신의 생각은 그 씨앗을 중심으로 발전하고 확신을 갖게 되어 당신에게 담대함을 주고 선포하고 행동하도록 한다.

간증을 한 가지 소개하겠다. 몇 년 전, 나는 호주 남쪽에 위치한 필드오브드림즈교회(Field of Dreams church)에 있었다. 집회 전, 나는 하나님의 충만한 임재 가운데 거하던 중 비몽사몽간에 한 여자에 관한 환상을 보았다. 혈액에 뭔가 문제가 있는 듯한 그 여인은 혈액검사 결과를 기다리고 있었다. 나는 이 여자를 위해 기도를 시작했다. 그녀 몸의 피가 완전히 치유된 이미지를 사용하면서 말이다. 그녀의 문제가 무엇인지 전혀 알지 못했지만, 나의 초점은 문제가 아니라 해결에 있었다. 하나님의 말씀을 기초로 주님이 채찍에 맞으심으로 우리가 나음을 입은 사실을 믿고, 그녀가 완전히 치유되었음을 보았다.

두 시간 정도가 지나고 난 후, 나는 '지식의 말씀'이라는 주제로 집회를 인도하였다. "여기 혈액검사를 한 분이 계신데, 그분은 그 결과에 대해 몹시 두려워하고 있습니다. 그러나 두려워하지 마세요. 주님이 당신을 이미 치유하셨습니다!" 그러자 한 여자가 일어나 지식의 말씀에 반응하였다. 그녀는 C형간염을 앓고 있었는데, 치유되지 않고 있었다. 나는 그녀를 위해 기도했고, 믿음으로 나아가 나의 생각 위에 세워진 이미지 위에 행동하였다. 그러자 하나님의 능력이 그녀를 만졌다. 그 후 의사에게 가서 확인해본 결과 그녀의 병은 완전히 치유된 상태였다. 혈액이 정상으로 돌아온 것이다. 이 간증 또한 유튜브에서 볼 수 있다.

아무나 천국 말씀을 듣고 깨닫지 못할 때는 악한 자가 와서 그 마음에 뿌려진 것을 빼앗나니 이는 곧 길 가에 뿌려진 자요 (마 13:19)

한동안 그녀는 다시 그 병이 재발할지도 모른다는 생각에 염려했다. 원수들은 항상 뿌려진 씨앗을 훔쳐가려 한다. 그러나 그에 맞서 우리도 기도하였고, 감사하게도 그녀는 지금도 건강하다.

어느 날, 나는 조용히 주님을 기다리고 있었다. 그때 세 번째 하늘인 삼층천으로 올라가는 초자연적인 경험을 하였는데, 그곳에서 나는 주님의 식탁에 앉아 있었다. 식탁에 앉은 나는 영광스런 왕이신 주님을 보았다. 그분은 매우 아름다웠다. 그분의 눈은 파랗게 빛났고, 머리에는 아름다운 보석들이 박힌 왕관을 쓰고 계셨다. 왕관 아래로 그분의 눈을 보았을 때, 말로 다 표현할 수 없는 사랑이 넘쳐났고 그것이 나를 관통하는 듯했다. 그분은 친절한 어린양이기보다는 능하고 영광스런 왕이셨다.

식탁에 앉았던 그날 밤, 나는 식탁 끝 쪽에 있는 무언가를 보았다. 속으로 '천사장인가?' 생각하였다. 그는 매우 강한 전사의 모습을 한 천사였다. 당시 주변에 다른 천사가 보이지는 않았지만, 그 뒤에 동행하는 한 무리의 천사들이 있다는 것을 알 수 있었다. 나는 '주님은 어디에 계시지? 주님은 어디에 계실까?' 하고 생각하였다.

> 그분의 눈은 파랗게 빛났고
> 머리에는 아름다운 보석들이 박힌 왕관을 쓰고 계셨다.

그때 그가 말했다. "나는 주님의 사령관이다." 순간 여호와의 군대 장관이 여호수아 앞에 칼을 들고 서 있던 장면이 떠올랐다(수 5:13-15). 주님은 이 군대의 최고 사령관이시다.

주님은 나에게 어두움에 묶여 고통을 당하는 수많은 가족들이 있음을 말해주셨다. 또한 사단의 군대가 쫓겨나 자유를 찾은 가족들도 있다고 하셨다. 그 주에 열린 주말집회에서 그 가족들은 마귀의 억압으로부터 벗어나 완전한 자유를 얻었다. 나는 "주님을 찬양합니다!"라고 계속해서 되뇌었다.

주님의 식탁 위에는 생소한 물건들이 많았는데, 전에 한 번도 본 적이 없는 식기와 컵들이었다. 소스를 담는 그릇처럼 생긴 다이아몬드로 만들어진 그릇에는 황금색 다리가 달렸고, 안에 포도주가 담겨져 있었다. 주님은 그것이 전투의 포도주라고 하셨다. 전투의 포도주는 견고한 진을 파쇄하고, 이전에 경험하지 못한 놀라운 기쁨이 임하게 한다. 누구든지 하나님의 능하신 통치 아래 있으면, 놀라운 기쁨이 그의 몸을 주장하고 견고한 진은 파쇄된다. 시편 2편에 전투에 대한 장면이 묘사되어 있는데, 그 내용대로 하늘에 앉으신 이가 웃으실 것이다(시 2:4).

> 무릇 시온에서 슬퍼하는 자에게 화관을 주어 그 재를 대신하며 기쁨의 기름으로 그 슬픔을 대신하며 (사 61:3)

> 누구든지 하나님의 능하신 통치 아래 있으면
> 놀라운 기쁨이 그의 몸을 주장하며 견고한 진은 파쇄된다.

다음날 필드오브드림즈교회 모임에서 전날 밤의 경험들을 나누었다. 나는 믿음으로 포도주를 마시는 행동을 취할 것이라고 말하였다. 그리고 나와 같이 포도주를 마시면, 원수의 억압에서 완전히 벗어나게 될 것이라고 말하였다. 그렇게 말한 후, 그대로 행동으로 취하자마자 하나님의 능력 아래서 사람들이 쓰러졌고, 곳곳에서 기쁨의 웃음이 터져 나왔다. 그런데 드보라라는 한 자매가 나를 찾아와 화를 냈다. 가족들이 구원받기를 원했던 그녀의 어머니는 의식불명 상태였고, 의사들은 어머니가 곧 죽을 것이라고 했다. 가족들은 장례를 준비하고 있었다. 드보라는 어머니가 아직 불신자였기 때문에 하루 속히 구원받기를 원하는 마음이 간절했던 것이다. 나는 그녀의 입을 만지면서 어머니가 좋아질 것이라고 선포했다. 그리고 가족을 주장하는 어두움의 권세가 깨질 것이라고 선언했다. 그녀가 영 안에서 전투의 포도주를 마시자 그녀의 눈에서 어두운 비늘이 떨어져나가는 것이 느껴졌다. 그녀는 쓰러져 웃기 시작했다.

다음날 그녀가 병원을 찾아갔는데, 어머니는 침대 위에 앉아 있었다. "드보라야!" 그녀가 병실에 들어가자 어머니가 그녀를 불렀다. 의식불명 상태로 곧 죽을 것이라던 어머니가 의식을 찾고 멀쩡하게 앉아서 그녀를 부른 것이다. 의료진은 깜짝 놀라 어리둥절해 하였다. 알고 보니 그날 이른 아침 어머니가 하나님의 기적을 체험하고 주님을 영접하였던 것이다. 그녀는 살아 계신 하나님의 기적과 치유의 능력을 직접 맛보아 알게 되었다.

다음의 구절들은 생각의 사용에 대한 성경의 증거들이다.

오직 여호와의 율법을 즐거워하여 그의 율법을 주야로 묵상하는도다 그는 시냇가에 심은 나무가 철을 따라 열매를 맺으며 그 잎사귀가 마르지 아니함 같으니 그가 하는 모든 일이 다 형통하리로다 (시 1:2-3)

여기서 율법은 하나님의 말씀이며, 묵상한다는 것은 생각의 사용을 의미한다. 밤낮으로 주님의 말씀을 묵상하고 기뻐하는 사람은 매사에 형통하게 된다.

그러므로 예수께서 그들에게 이르시되 내가 진실로 진실로 너희에게 이르노니 아들이 아버지께서 하시는 일을 보지 않고는 아무 것도 스스로 할 수 없나니 아버지께서 행하시는 그것을 아들도 그와 같이 행하느니라 (요 5:19)

예수님께서는 나다나엘이 무화과나무 아래 앉아 있는 것을 자연 상태에서 보기 전에 영으로 보셨다.

예수께서 대답하여 이르시되 내가 너를 무화과나무 아래에서 보았다 하므로 믿느냐 이보다 더 큰 일을 보리라 (요 1:50)

내가 진실로 너희에게 이르노니 누구든지 이 산더러 들리어 바다에 던져지라 하며 그 말하는 것이 이루어질 줄 믿고 마음에 의심하지 아니

하면 그대로 되리라 그러므로 내가 너희에게 말하노니 무엇이든지 기
도하고 구하는 것은 받은 줄로 믿으라 그리하면 너희에게 그대로 되리
라 (막 11:23-24)

다시 한 번 말하지만, 마음은 생각을 가리킨다. 주님은 정기적으로 산꼭대기에 오르셔서 하나님 아버지와 만나셨다. 그리고 아버지가 보여주시고 행하기 원하시는 것을 생각하고 묵상하셨다. 예수님은 그것을 산으로부터 가지고 내려오셨고, 자연 세계에서 하나님 나라를 증거하셨다. 그리고 "보라, 하나님의 나라가 너희에게 임하였느니라"고 말씀하셨다. 모든 기적, 표적, 이적은 이 땅 위에 펼쳐져 있다. 왜냐하면 주님께서 먼저 이것들을 영으로 보셨기 때문이다.

이번 장에서 나는 우리가 어떻게 은사를 사용하여 초자연의 세계를 자연 세계로 가져 오는지에 대해 이야기하였다. 하나님은 이미 지나 환상을 보여주신 후, 그것을 기반으로 우리의 생각(상상)을 세우신다. 이미지가 보이면, 그것을 이미 이루어진 것으로 믿기 시작하라. 그리고 하늘에 있는 그것들이 실제로 이 땅에 있음을 선포하라. 그리고 믿음으로 나아가 그것들을 당신이 서 있는 자연 세계(현재) 안에 풀어놓으라.

하나님은 우리가 과거의 간증들을 기억하고, 그 것들을 하나님의 말씀에 기초하여 재창조하기를 원하신다. 만약 당신이 놀라운 기적을 원한다면, 당신의 마음 가운데 새로운 이미지를 창조해야 한다. 또한 이 창조는 하나님의 말씀에 기초한 것 이어야 한다.

CHAPTER 9

믿음으로 승리를 선포하라

CHAPTER 9

믿음으로 승리를 선포하라

말씀을 선포할 때, 반드시 믿음으로 하라. 단순히 인간적인 차원의 긍정적인 생각으로 하지는 말라. 앞서 이미 언급한 대로 시각화는 당신의 기억을 다시 떠올리거나 과거나 현재의 체험들을 되살리고 그것들을 묵상하는 것이다. 이것은 당신의 믿음을 강화시키고, 이를 통해 창조의 능력이 증가된다. 사람들은 종종 내게 어떻게 믿음을 세우고, 이것이 자연 세계에서 실재가 되도록 할 수 있는지 물어온다.

우리 모두가 하나님께서 기적적으로 역사하시고 공급하신 체험을 가지고 있다. 그렇지 않다면, 기독교는 지금까지 존재하지 못했을 것이다. 하나님은 신실하시며, 언제나 우리를 도우신다. 나 역시 그분의 도우심으로 믿음이 성장할 수 있었다. 나는 하나님께서 도우셨던 과거의 기적적인 사건들을 지금도 기억한다. 이러한 삶의 간증은 우리가 계속 믿음으로 살도록 격려해준다.

> 또 우리 형제들이 어린 양의 피와 자기들이 증언하는 말씀으로써 그를 이겼으니 그들은 죽기까지 자기들의 생명을 아끼지 아니하였도다
> (계 12:11)

시각화는 당신의 기억을 다시 떠올리거나 과거나 현재의 체험들을 되살리고 그것들을 묵상하는 것이다. 이것은 당신의 믿음을 강화시키고, 이를 통해 창조의 능력이 증가된다.

나의 믿음을 성장시킨 특별한 초자연적 체험이 있는데, 이 일은 대중집회나 본격적인 사역을 시작하기 전에 일어난 사건이다. 1980대 말부터 1990년대 초까지 나는 아내 파울라와 함께 크리스천 밴드에서 활동했다. 당시 우리는 결혼한 지 1년 된 부부였고, 밴드의 멤버들과 함께 청소년집회를 섬기기 위해 여행을 자주 다녔다.

그러던 어느 날 우리는 공연을 쉬고, 집에서 몇 시간 떨어진 거리에 있는 곳으로 캠핑을 가기로 하였다. 캠핑 장소에 도착한 우리

는 불을 피워야 했는데, 땅 바닥이 아닌 바비큐 판 위에 불을 피웠다. 타오르는 불꽃을 보며 한참 얘기를 나누던 중 느닷없이 한 남자가 나타났다. 그는 체구가 제법 커보였고 눈빛은 매우 섬뜩하였는데, 나는 그에게서 악한 기운을 감지했다. 그는 우리가 앉아 있던 곳으로 다가오며 이렇게 말했다. "나는 당신네들이 누군지 알고 있어!" 그는 자신이 사탄숭배자이고, 우리가 그리스도인이라는 것을 알고 있다고 말했다.

그는 우리에게 영적으로 도전하였고, 우리는 그에게 하나님이 어떤 분이신지 이야기하였다. 그와의 대화는 점차 격렬한 논쟁으로 번졌는데, 화가 난 그는 캠핑의자를 집어 들더니 거칠게 내던졌다. 그는 밴드의 리더였던 나를 노려보면서 말했다. "좋아. 그럼 내가 여기 의자에 앉을 테니, 나를 위해서 기도해보시오. 만약 기도했는데 하나님이 나타나지 않는다든지 내가 변화되지 않는다면, 당신들을 가만히 두지 않겠어!" 또한 그는 멤버 중 하나를 손가락으로 가리키면서 "당신의 얼굴을 차 버리겠어!"라고 했다. 그리고는 나를 향하여 손가락질을 하더니 "바비큐 불을 네 얼굴에 부어서 얼굴을 엉망으로 만들고, 네 아내를 겁탈하겠어!"라고 말했다.

무거운 침묵이 흘렀다. 나는 그 사람의 도전에 대해 잠시 멤버들과 의논하였다. "이것은 노상강도를 만난 것과 똑같은 상황입니다. 우리에게는 이 상황을 뚫는 믿음이 필요합니다. 그를 위해 기도합시다. 그리스도를 의지하여 나아갑시다!" 그 남자는 자리에 앉더니 우리에게 오라고 손짓하였다. 우리는 그를 둘러서 그의 몸에 손을 얹고 예수 그리스도의 보혈을 의지하여 방언으로 기도하기 시작하였다. 몇 분이 지나자 그 남자가 몸을 떨기 시작하더니 진동의 세기가 점점 더 강해졌다. 그는 손으로 얼굴을 가리면서 울기 시작하였고, 무릎을 꿇었다. 결국 그를 지배하던 사단이 빠져나갔고, 그는 그 자리에서 구원을 받았다.

> "이것은 노상강도를 만난 것과 똑같은 상황입니다.
> 우리에게는 이 상황을 뚫는 믿음이 필요합니다.
> 그를 위해 기도합시다. 그리스도를 의지하여 나아갑시다!"

우리는 그를 그리스도께로 인도하였고, 그는 예수 그리스도를 구주로 영접하고 거듭났다. 그의 표정은 완전히 바뀌었고, 전혀 다른 사람이 되었다. 초자연적인 평화가 그를 덮었다. 그는 자기 텐트를 가져다가 우리 캠프장에 치고 함께 시간을 보냈다. 두려움은 전혀 없었다. 오직 평화가 넘치는 밤이었다. 다음날 그는 자신을 해방시켜 주어서 감사하다고 고백하였다. 우리는 그에게 양육을 제안하였는데, 그는 받아들이지 않았다. 대신 자신이 아는 교회에 출석하겠다고 말하였다. 하나님은 참으로 신실하시다!

디모데후서에서 바울은 이렇게 말한다. "우리는 미쁨이 없을지라도(faithless) 주는 항상 미쁘시니(faithful) 자기를 부인하실 수 없으시리라"(딤후 2:13). 믿음은 벼랑 끝으로 걸어가는 것과 같다. 아무것도 보이지 않지만, 앞으로 걸어가는 것이다. 그리고 벼랑 끝에 도달했을 때, 하나님은 언제나 자신을 드러내신다. 두려움, 낙심, 실망으로는 믿음을 가동시킬 수 없다. 만약 당신이 혼적 갈망으로 선포하게 된다면, 당신에게 맡겨진 사명을 포기할 가능성이 높다. 이와 관련하여, 누가복음 1장을 살펴보자.

모든 백성은 그 분향하는 시간에 밖에서 기도하더니 주의 사자가 그에게 나타나 향단 우편에 선지라 사가랴가 보고 놀라며 무서워하니 천사가 그에게 이르되 사가랴여 무서워하지 말라 너의 간구함이 들린지라 네 아내 엘리사벳이 네게 아들을 낳아 주리니 그 이름을 요한이라 하라 너도 기뻐하고 즐거워할 것이요 많은 사람도 그의 태어남을 기뻐하리니 이는 그가 주 앞에 큰 자가 되며 포도주나 독한 술을 마시지 아니하며 모태로부터 성령의 충만함을 받아 이스라엘 자손을 주 곧 그들의 하나님께로 많이 돌아오게 하겠음이니라 그가 또 엘리야의 심령과 능력으로 주 앞에 먼저 와서 아버지의 마음을 자식에게, 거스리는 자를 의인의 슬기에 돌아오게 하고 주를 위하여 세운 백성을 준비하리라 사가랴가 천사에게 이르되 내가 이것을 어떻게 알리요 내가 늙고 아내도 나이 많으니이다 천사가 대답하여 이르되 나는 하나님 앞에 서 있는 가브리엘이라 이 좋은 소식을 전하여 네게 말하라고 보내심을 받았노라 보라 이 일이 되는 날까지 네가 말 못하는 자가 되어 능히 말을 못하리니 이는 네가 내 말을 믿지 아니함이어니와 때가 이르면 내 말이 이루리라 하더라 (눅 1:10-20)

사가랴는 수년에 걸쳐 아들을 놓고 기도하였다. 그런데 정작 하나님께서 그의 기도가 응답되었다고 말씀하셨을 때, 사가랴는 의심하였다. 그는 오랜 시간 기다리며 기도하였지만, 그냥 그 상태에 머물러 있었다. 자신의 기도가 응답될 것이라는 믿음을 포기한 것이다. 그가 그렇게 원하고 기도하였지만 응답되지 않았던 것이 그에게 큰 실망과 낙심이 되었다. 약속이 주님의 천사의 환상과 함께 주어졌을 때, 그는 그저 불평으로 가득한 노인에 불과했고, 불신으로 하나님을 대하였다. 사가랴의 불신의 말은 장차 요한의 출생과 사명을 포기할 수도 있는 죽음의 말로 이어질 수 있었다. 그래서 하나님께서 그의 입을 막으셨다.

⋮

믿음은 벼랑 끝으로 걸어가는 것과 같다.
아무것도 보이지 않지만, 앞으로 걸어가는 것이다.
그리고 벼랑 끝에 도달했을 때,
하나님은 언제나 자신을 드러내신다.

우리는 두려움을 말로 표현하지 말아야 한다. 이 말이 저주의 말이 되어 마귀의 지배를 받도록 영적인 세계의 문을 열기 때문이다. 우리는 그리스도께서 앉아 계신 위의 것을 생각하고 묵상하도록 마음을 훈련해야 한다. 이것은 우리가 순전하게 하나님의 말씀을 선포하도록 힘을 주고, 이를 통해 창조적인 기적이 나타나는 것을 보게 된다.

여기 성경에서 말하는 불신의 다른 예가 있다.

> 예루살렘에 있는 양문 곁에 히브리 말로 베데스다라 하는 못이 있는데 거기 행각 다섯이 있고 그 안에 많은 병자, 맹인, 다리 저는 사람, 혈기 마른 사람들이 누워 [물의 움직임을 기다리니 이는 천사가 가끔 못에 내려와 물을 움직이게 하는데 움직인 후에 먼저 들어가는 자는 어떤 병에 걸렸든지 낫게 됨이러라] 거기 서른여덟 해 된 병자가 있더라 예수께서 그 누운 것을 보시고 병이 벌써 오랜줄 아시고 이르시되 네가 낫고자 하느냐 병자가 대답하되 주여 물이 움직일 때에 나를 못에 넣어 줄 사람이 없어 내가 가는 동안에 다른 사람이 먼저 내려가나이다 예수께서 이르시되 일어나 네 자리를 들고 걸어가라 하시니 그 사람이 곧 나아서 자리를 들고 걸어가니라 (요 5:2-9)

그곳은 물 위에 열린 하늘이 있어 천사가 오르락내리락하는 곳이었다. 그곳에서 예수님은 병자의 불신을 보셨다. 그 병자는 38년 동안 앓아온 질병으로 인하여 의심과 낙심과 실망을 안고 살았다. 주님은 병자에게 낫기를 바라는지 물으셨지만, 병자는 자신의 신세를 한탄하며 투덜거릴 뿐이었다. 그러나 긍휼이 많으신 주님은 그에게 초자연적 치유를 베풀어주었다. 사실 병자에게는 믿음이 없었다. 우리가 힘을 내어 믿음을 가질 수도 있지만, 주님은 때로 주권적인 능력으로 불신 가운데 있는 사람도 고쳐주신다. 주님은 사람들에게 먼저 다가가셔서 믿음이 없는 사람들도 치유하신다.

> 우리는 그리스도께서 앉아 계신 위의 것을
> 생각하고 묵상하도록 마음을 훈련해야 한다.

얼마 전 1975년에 있었던 캐서린 쿨만 집회의 비디오를 보았다. 그날 하나님께서 한 쪽 귀가 전혀 들리지 않는 어느 무신론 과학자를 강권적으로 치유하셨다. 그의 귀가 열리자 캐서린은 그에게 하나님을 믿겠느냐고 물었다. 그는 그렇게 하겠다고 대답했고, 그 자리에서 주님을 영접했다. 하나님은 꼭 치유해주시기 전에 먼저 구원받을 것을 요구하시지는 않는다. 이처럼 하나님은 불신자나 믿음이 부족한 사람도 치유해주시며, 이것은 사람들이 구원받기 위한 표적과 이적이 된다. 하나님은 사람들을 긍휼히 여기시며, 먼저 주권적으로 사람들에게 다가가신다.

믿음이 아직 성장하지 않은 그리스도인들은 양육을 받아야 한다. 그들은 기저귀를 갈아주어야 하는 아기들과 같이 먹여주어야 한다. 만일 이제 20살 되는 나의 아들이 기저귀를 차고 있어서 그것을 갈아주어야 한다면, 몹시 곤란할 것이다. 마찬가지로 그리스도인들도 영적으로 성숙하고 믿음이 확장되어야 한다. 그리스도의 초보에서 단단한 음식을 먹는 성숙의 단계로 나아가야 한다. 하나님은 우리가 영적인 감각을 훈련하고, 주님이 그러셨던 것처럼 믿음으로 삶을 다스리는 권세를 갖기 원하신다. 그분은 우리가 승리하고, 열매 맺으며, 하나님의 나라를 이 땅 위에 실현하기를 원하신다.

우리는 충분히 성장하고 성숙하여서 이 땅에 기적을 가져오는 믿음의 세계로 담대히 걸어가야 한다. 하나님이 그 일을 하시도록 기다리기만 하는 것이 아니라 우리가 이 땅을 정복해야 한다. "그의 안에 산다고 하는 자는 그가 행하시는 대로 자기도 행할지니라"(요일 2:6). 우리는 주님이 하셨던 대로 행해야 한다. 우리가 하나님 안에서 초자연적인 씨앗을 보고 행하기 시작한다면, 우리는 이 땅 위에서 하나님이 뜻하신 대로 이루게 된다.

⋮

하나님은 꼭 치유되기 전에 먼저 구원받을 것을 요구하시지는 않는다.
이처럼 하나님은 불신자나 믿음이 부족한 사람도 치유해주시며,

> 이것은 사람들이 구원받기 위한 표적과 이적이 된다.
>
> :

　토드 웨덜리와 나는 수많은 기적과 하나님과의 놀라운 만남을 경험하였다. 그 중 하나님께서 그분의 영광을 위해 끔찍한 상황을 기적적으로 변화시키신 사건에 대해 나누고자 한다.

　토드와 나는 필리핀의 니그로 섬에서 사역했는데, 구제프로그램을 통하여 연결된 그 지역의 어른과 아이들이 하루에 400-500명가량 그리스도께 돌아왔다. 참으로 놀라운 일이었다. 우리는 지역의 목회자들을 위해 수련회를 개최하였다. 설교는 내가 맡았는데, 설교 중에 갑자기 토드가 단상으로 올라왔다. 전에는 그런 일이 한 번도 없었는데, 토드의 거침없는 행동이 염려스러웠다. 이야기를 들어 보니, 그날 구제프로그램에 참여하여 음식을 먹은 40명의 아이들이 식중독에 걸려 병원에 있다고 했다. 필리핀은 의료시설이 워낙 낙후되어서 응급조치를 받지 못한 아이들이 심각한 상태에 빠졌던 것이다.

　토드는 내가 설교하고 있을 때 주방에 갔다가 거기서 주최측 목회자를 만나서 상황을 알게 되었다. 그 목사는 토드에게 아이들의 상태에 대해서 말해주며, 그 아이들뿐만 아니라 자신의 평판 때문에도 염려하였다. 그날 음식을 준비한 요리사들은 다른 방에 있었는데, 이 일로 인하여 소리를 지르며 두려워하고 있었다. 그래서 사건의 심각성을 느낀 토드가 말씀을 전하고 있는 나를 찾아온 것이다.

우리는 냉정을 잃을 수도 있었지만, 당황하지 않았다. 오히려 믿음을 주장하며, 이 상황에서 유일한 소망은 오직 주님을 신뢰하는 것임을 확인했다. 우리는 주님의 약속의 말씀을 묵상하기 시작했다. 그리고 모든 회중을 불러 모아 함께 기도하였고, 성령세례가 필요한 자들에게 성령의 불이 임하도록 기도하였다. 그날 우리는 마가의 다락방을 경험하였다. 놀라운 성령의 능력이 임하고, 하나님의 임재가 그곳을 압도하였다.

우리는 45분간 이 상황에 대해 예언하였다. 경찰들은 아이들을 식중독에 빠뜨린 혐의로 우리를 잡아가기 위해 이미 교회 밖에서 대기하고 있었다. 그러나 그들은 절대로 건물 안으로 들어오지는 않았다. 뜨겁게 기도하던 중 어느 순간, 영적인 돌파가 일어나는 것이 느껴졌다. 그래서 우리는 병원으로 가서 아이들을 위해 기도하기로 결정하였다.

우리는 경찰의 호위를 받으며 병원으로 갔다. 마을 중심에 위치한 병원이 가까워지자 병원을 둘러싸고 있는 수백 명의 인파가 눈에 들어왔다. 나는 운전하고 있던 목회자에게 저들이 들어갈 만한 장소가 있느냐고 물었다. 그러나 없다는 대답이 돌아왔다. 그들은 아이들의 부모들이었다. 사단은 이미 그들을 선동시켰고, 상황은 우리가 들었던 것보다 훨씬 더 심각하였다. 40명이 아니라 207명의 아이들이 식중독으로 병원에 있었던 것이다. 그들은 죽음의 위기에 놓여 있었다.

> 우리는 마가의 다락방을 경험하였다.
> 놀라운 성령의 능력이 임하고, 하나님의 임재가 그곳을 압도하였다.
> 우리는 45분간 이 상황에 대해 예언하였다.

    우리는 그 상황에 대하여 사가랴와 같이 실망할 수 있었다. 불신의 자리에 설 수도 있었다. 상황이 그렇게 끝났다면, 두려움으로 주저앉을 수도 있었을 것이다. 이러한 것들이 순간 나의 마음을 스쳤다. 성난 군중들이 우리를 죽일 것이라는 불길한 느낌이었다. 그들의 손에는 총과 각목 등이 들려 있었다. 그들을 진정시키기 위해 군대를 불러야 할 상황이었다. 토드가 말했다. "아담, 난 자네 뒤에 있겠네. 먼저 가게!" 우리는 차에서 내려 군중 앞으로 나아가 이렇게 말했다. "당신들이 하고 싶은 대로 우리에게 할 수 있습니다. 그러나 그렇게 하기 전에 우리가 아이들을 위해 기도할 수 있도록 허락해주십시오!" 우리는 두들겨 맞거나 죽거나 남은 인생을 감옥에서 보낼 수도 있겠다고 생각했다. 그러나 우리는 철저히 하나님만 신뢰하기로 하였다.

병원 안은 이미 아수라장이었다. 부모들의 분노는 하늘을 찌를 듯하였다. 아이들은 줄지어 뉘어 있었고, 눈동자는 흰자위를 드러내고 있었다. 곳곳에 아이들의 토사물이 널려 있었다. 병실이 꽉 차서 어떤 아이들은 복도에 뉘어 있었다. 우리는 아이들에게 손을 얹고 기도하기 시작했다.

한참을 기도하던 중 우리는 영적인 변화를 감지하였다. 하나님의 영광이 그 병원에 쏟아진 것이다. 부모들이 미친 듯이 우리의 손을 잡아 자기 아이의 머리에 얹으려고 난리를 피웠다. 왜냐하면 우리가 아이들의 머리에 손을 얹으면, 그들이 완전히 치유되었기 때문이다. 아이들은 건강한 모습으로 회복되었다. 혼돈과 당황은 순식간에 기대감과 흥분으로 바뀌었다. 치유된 아이들은 집으로 돌아갔다. 사역은 새벽 2시 30분까지 계속되었다. 하나님의 영광이 병원 가운데 부어졌다. 결국 안수를 받은 아이들과 우리 모두 병원을 벗어날 수 있었다.

혼돈과 당황은 순식간에 기대감과 흥분으로 바뀌었다.

다음날 늦게서야 일어나 보니 라디오에서 어제의 사건을 보도하고 있었다. 소식을 들은 그 도시의 시장이 우리를 찾아와 우리는 그에게 복음을 전했다. 그리고 모든 사역을 마치고 호주로 돌아왔다. 1주일 후, 우리는 그 도시에 부흥이 임했다는 소식을 전하는 이메일을 받았다. 교회는 앉을 자리가 없어서 모두 서서 예배를 드리고, 부모들은 하나님께서 그들을 구원하심으로 인하여 기쁨의 삶을 산다는 소식이었다. 하나님은 심각한 위기의 상황을 그분의 영광을 위한 기적적인 치유와 부흥의 기회로 바꾸셨다.

이제 열왕기하 13장을 중심으로 계시적 세계로부터 온 믿음을 가지고 하나님의 말씀을 선포하는 것에 관해 이야기하겠다. 당시 하나님 앞에 범죄한 이스라엘은 아람 군대의 공격을 받아 위급한 상황이었다. 마음이 급해진 이스라엘 왕 요아스는 선지자 엘리사를 찾아갔다. 그러나 엘리사는 임종을 앞두고 있었다. 요아스는 흐느끼며 말했다. "내 아버지여 내 아버지여 이스라엘의 병거와 마병이여 하매"(왕하 13:14). 그가 간절히 필요로 할 때, 선지자는 죽어가고 있었다.

엘리사는 요아스에게 활과 화살을 가져오라고 말했다. 아마도 요아스는 속으로 지금이 활과 화살을 가져올 때는 아니라고 생각했을 것이다. 그에게 필요한 것은 하나님의 말씀이었다. 나는 당시 엘리사가 분명 영으로 무언가를 보았을 것이라고 생각한다. 그러나 행동으로 하기에는 몸이 너무 쇠약하여 요아스에게 부탁한 것이라고 본다. 그가 본 대로 행한 것은 하나님의 말씀을 선포하기 위한 실례였다.

또 이스라엘 왕에게 이르되 왕의 손으로 활을 잡으소서 하매 그가 손으로 잡으니 엘리사가 자기 손을 왕의 손 위에 얹고 동쪽 창을 여소서 하여 곧 열매 엘리사가 이르되 쏘소서 하는지라 곧 쏘매 엘리사가 이르되 이는 여호와를 위한 구원의 화살 곧 아람에 대한 구원의 화살이니 왕이 아람 사람을 멸절하도록 아벡에서 치리이다 하니라 (왕하 13:16-17)

요아스는 엘리사가 헛소리하고 있다고 생각했음이 틀림없다. 그의 마음 상태는 엘리사가 말한 것을 전적으로 따를 만한 상황이 아니었다. 따라서 승리의 화살을 집어서 땅을 치라고 했을 때 겨우 3번만 치고 말았다. 이것을 본 엘리사는 요아스를 책망하였다. 요아스는 승리를 확정하기 위해 적어도 5-6번을 쳐야 했지만 그렇지 못했다. 그는 믿음이 아닌 절망으로 행한 것이다.

이 부분은 낙심의 시간에 우리가 어떻게 기도해야 하는지에 대한 청사진이다. 하나님께서는 하늘에 속한 것을 선포하여 이 땅으로 가져오실 때, 비유를 사용하신다. 영으로 볼 때, 꿈과 환상에는 은유가 있으며, 예수님은 비유들을 통하여 우리에게 말씀하신다. 신약에서 집은 성령이 거하시는 성전을 의미하며, 창문은 우리의 눈에 대한 은유이다. 동쪽으로 난 창은 건물의 오른쪽인데, 은유적으로 말하자면 우리의 오른쪽 눈 즉 영적인 눈을 말한다. "창문을 열라!"는 선포의 말은 계시적 비유로, 우리의 영의 눈을 여는 것을 의미한다. 화살들은 말씀을 상징한다.

우리의 영의 눈을 열어 하늘 보좌에 앉으신 그리스도 안에서 우리의 정체성을 아는 계시에 이를 때, 우리는 사단의 권세에 대적하여 예언을 하고 영적 세계의 움직임을 보게 될 것이다. 엘리사는 왕에게 땅을 향해 치라고 말했다. 이처럼 계시가 임했을 때, 우리는 낙심이 아닌 열정과 믿음으로 반응해야 한다.

우리의 권위에 관한 계시와 그리스도 안에서의 정체성, 즉 우리는 그리스도와 함께 하늘에 앉았고 그분을 죽음에서 일으키신 하나님이 우리 안에 거하신다는 사실은 우리로 하여금 원수를 대적하여 주님의 구원의 화살과 함께 예언하도록 이끈다. 이때가 기적이 일어나는 때이다. 땅을 향해 화살을 내리치기 위해 손을 드는 행위는 당신이 하늘의 말씀을 가져다가 이 땅에 풀어놓는 것을 의미한다. 이를 통해 하늘에서 이루어진 것과 같이 땅에서도 이루어진다. 당신은 하나님의 말씀을 자연 세계 가운데 풀어놓는다.

우리는 반드시 예수 그리스도의 이름으로 땅을 치고, 우리 자신과 가족과 공동체를 묶고 있는 저주의 사슬을 끊어야 한다. 우리는 우리가 사는 도시들 가운데 부흥이 임하도록 선포해야 한다. 우리는 구원의 화살을 들어 질병을 향해 쏘며, 원수의 계략을 박살내도록 예언해야 한다. 삶의 승리를 위해 이 청사진을 사용하라. 그리고 이것이 당신의 공동체에 미치는 영향력을 목도하라.

우리는 반드시 예수 그리스도의 이름으로 땅을 치고,
우리 자신과 가족과 공동체를 묶고 있는 저주의 사슬을 끊어야 한다.
우리는 우리가 사는 도시들 가운데 부흥이 임하도록 선포해야 한다.

CHAPTER

천국의 시민권

CHAPTER 10
천국의 시민권

이 책은 당신을 격려하기 위해 많은 간증을 담고 있다. 나는 그렇게 교육을 많이 받은 사람이 아니다. 나는 고등학교를 중퇴했으며, 그보다 더 어릴 때는 독서장애를 앓았다. 이처럼 나는 그저 평범한 사람에 불과하다. 그런데 하나님이 나의 삶을 변화시키셨다. 나는 아직도 많은 것을 배우고 있으며, 하나님의 전신갑주를 입고 믿음으로 매일의 삶을 산다.

나는 날마다 계시와 하나님의 형상으로 충만하도록 마음을 향해 선포한다. 따라서 그리스도의 계시로 이어지는 마음의 길에는 막힘이 없다. 나는 또한 나의 두뇌를 향하여 성화되어 제한 없이 100퍼센트 가동되도록 예언한다. 이것과 관련하여 재미있는 이야기가 있다. 나의 설교를 수년간 들어온 한 자매가 어느 날 나에게 와서 이렇게 말해주었다. "당신에게 어떤 변화가 일어난 것 같네요." 그녀는 내가 사용하는 어휘가 많이 달라졌다는 말을 하려고 했던 것이다. 처음에는 그 말이 모욕처럼 느껴졌다. 그러나 주님은 나를 책망하시며, 내가 오랫동안 뇌기능이 확장되도록 기도해왔다는 사실을 기억나게 하셨다. 하나님은 나의 두뇌를 확장시키셔서 그분을 더 깊이 알도록 계시의 마음을 불어넣어 주셨다.

나는 날마다 계시와 하나님의 형상으로 충만하도록 마음을 향해 선포한다.
따라서 그리스도의 계시 안으로 이어지는 마음의 길에는 막힘이 없다.

나는 그리스도 안에서 모든 믿는 자들을 격려하고 싶다. 하나님은 당신을 사용하실 수 있다. 그분은 영광 가운데 당신에게 능력을 입히신다. 그분은 당신을 통해 빛을 발하신다. 나는 전에 본 적이 없는 표적과 이적과 기적을 행하는 새로운 세대가 일어날 것이라고 믿는다. 성경은 그리스도의 이름으로 두세 사람이 모인 곳에 주님께서 함께하신다고 증거한다(마 18:20). 당신이 하나님의 말씀을 믿고 기도할 때, 성령께서 함께하신다. 그분은 당신 안에 계시고, 당신을 위해 중보하신다.

보통 사람들이 기도할 때, 이 땅의 시민으로서 기도한다. 하나님이 기도에 응답하시도록 구걸하는 혼적 욕망으로 기도하는 것이다. 그러나 당신이 천국시민으로서 기도하면, 이것은 훨씬 더 효과적이다. 성령을 따라 하나님의 약속을 붙잡고 천국시민으로서 기도하면, 당신과 성령은 이미 영 안에서 하나가 된 것이다. 그리고 당신이 성령과 더불어 기도할 때 누군가가 함께 기도하면 그 사람도 하나가 된다. 성경은 하나님이 이러한 것을 매우 기뻐하신다고 말한다.

> 진실로 다시 너희에게 이르노니 너희 중의 두 사람이 땅에서 합심하여 무엇이든지 구하면 하늘에 계신 내 아버지께서 그들을 위하여 이루게 하시리라 두세 사람이 내 이름으로 모인 곳에는 나도 그들 중에 있느니라 (마 18:19-20)

당신의 언어가 하나님의 약속의 말씀으로 세워질 때, 당신의 기도에 대한 응답은 더 빨라진다. 믿음으로 기다려라. 그러면 기적을 보게 될 것이다.

이렇게 함으로 나는 단지 1주일에 한 번씩 교회에 나가 하나님 앞에 눈도장을 찍는 것으로 만족했던 육신적 사람에서 예수님이 하신 일들을 행하는 초자연적인 사람으로 변화되었다. 하나님은 수년 전에 내게 이 세상이 어떻게 변화될 것인지에 대해 말씀하셨고,

나는 그 변화를 직접 목도하였다.

　창세기 13장에서 아브라함과 롯은 각자의 소유가 많아 함께 할 수 없는 상황에 이르렀다. 애굽에서 나왔을 때 그들은 헤어져야만 했다. 하나님이 그리스도의 몸에서 롯을 제거하시는 것은 그분의 방법이다. 하나님은 육신의 사람을 제거하신다. 그리고 성화된 분리를 허락하신다. 육신적 그리스도인은 은유적으로 소돔과 같은 세상으로 가는 사람을 의미한다. 그들은 세상의 유혹으로 현혹되어 그들의 길을 타협하고 세상의 길과 그 공급에 의존한다.

> 나는 단지 1주일에 한 번씩 교회에 나가
> 하나님 앞에 눈도장을 찍는 것으로 만족했던 육신적 사람에서
> 예수님이 하신 일들을 행하는
> 초자연적인 사람으로 변화되었다.

　아브라함은 롯과 분리되어 이삭의 약속으로 들어갔다. 이삭은 부흥의 언약으로 상징할 수 있다. 마지막 때에, 하나님은 엘리야와 같은 신부들을 일으키실 것이다. 이들은 하나님의 의에 의해 흠 없는 초자연적 실체가 될 것이다. 이들은 잘난 사람들도 아니고 못난 사람들도 아니다. 오직 신랑이신 예수 그리스도의 재림과 마지막

때에 다가올 거대한 부흥을 알리고 예고하는 초자연적인 사람들인 것이다. 이것은 지금도 진행되고 있다. 예수 그리스도께서 영광 중에 오셔서 패배한 원수의 머리를 완전히 짓밟으실 것이다.

나는 당신이 믿음의 사람으로 일어나 하나님의 나라를 기경하기 바란다.

당신이 이 책을 통해 도전을 받았다면, 다음의 기도를 나와 함께하기를 바란다.

하늘에 계신 아버지, 제가 주님을 전심으로 섬기지 못했음을 회개합니다. 이 시간 주 예수님께 충성을 서약합니다. 갈보리 십자가의 순종을 통하여 나를 구원해주셔서 감사합니다. 예수님이 나의 구주이시며, 하나님께서 주님을 죽음에서 다시 살리셨음을 믿습니다. 나에게 성령으로 세례를 베풀어주셔서 감사합니다. 제가 요한일서 2장 6절의 살아 있는 간증임을 믿습니다. 앞으로 초자연적인 사람으로서 주님께서 하신 일을 따라 순종하겠습니다. 주님의 신부로서, 그분의 다시 오심을 준비하는 온전한 성도로서 이 땅 위에 하나님 나라를 선포하며 주님께 영광을 돌리겠습니다. 예수님의 이름으로 기도합니다. 아멘.

간증

2010년에 나는 수차례의 뇌졸중을 경험했다. 두 번은 매우 큰 것이었고, 두 번은 작은 것이었다. 그해 2월에서 10월 사이에 나는 생명을 건 사투를 벌였다. 그리고 12개월간 재활치료를 받아 걷는 연습을 다시 해야만 했다. 당시 나의 손상된 뇌는 치료될 수 없으며, 이것이 생명에 심각한 영향을 줄 것이라는 진단을 받았다. 정상적인 삶을 포기한 상태였다. 같은 병원에서 신경조직 전문가에게 MRI 검사도 받았다.

작년(2012년) 5월에 찍은 MRI 검사에서 절반 이상의 뇌동맥과 혈관이 막혀 있는 것으로 나타났다. 언제든지 다시 뇌졸중이 올 수 있는 상황이었다. 나는 신경전문의에게 막힌 동맥과 혈관을 어떻게든 열 수 없는지 물어보았다. 그는 "우리가 할 수 있는 최선을 다했습니다. 더 이상 치료는 불가능합니다"라고 대답하였다. 그는 전에는 그런 말을 한 적이 없었다. 현실적인 한계에 부딪힌 나는 주님께 기도했다. "당신만을 의지합니다. 나를 치료해주세요. 뇌의 혈관과 동맥을 뚫어주세요. 당신의 영광을 위해 살게 하소서."

그러던 중 2012년 가을 호프씨티교회(Hope City Church)에서 아담 F. 톰슨 목사님의 집회가 있었다. 아담은 나를 앞으로 나오도록 초청했고, 나에게 지식의 말씀을 선포했다. 그는 하나님께서 나의 뇌를 치료하기 원하신다고 했다. 아담은 나와 나의 질병에 대하여 아는 바가 전혀 없었다. 그러나 주님은 아셨다. 나는 치료하시는 예수님께 감사를 고백하였다. 그리고 그 이후로 나의 몸은 점점 좋아졌다. 나는 30-60분 정도 걸을 수 있게 되었는데, 이전에는 전혀 불가능했던 일이다.

지난 12월(2012년), 나는 다시 MRI 검사를 받았다. 3명의 신경전문의는 결과를 보고 흥분하였다. MRI 검사표에서 나의 혈관과 동맥이 모두 뚫려 있었던 것이다. 나는 MRI 사진을 받으면서 그 중 한 명에게 "의사양반, 이것은 기적인 듯합니다"라고 말했다. 그러자 그도 "저도 동의합니다"라고 대답했다. 다른 의사는 검사결과지에 내 뇌에 놀라운 진전이 있다고 적어놓았다.

예수님께서 언제든 죽을 수 있었던 불치의 상황에서 나를 치료해주셨다. 그분의 거룩한 이름을 찬송한다. 또한 그분께 순종하는 종으로 인하여 감사드린다. 아담 목사님은 나를 위해 왕국의 치유를 하늘로부터 땅으로 가져온 분이다.

카멜 리슨 | 호주 빅토리아 주 멜버른

DOCTOR'S NOTES

The patency of the vessels have remarkebly improved from previous 2 MRIs And this should translate into better blood perfusion to the brain cells.

혈관의 상태는 지난 두 번의 MRI 사진과 비교해볼 때 놀라울 정도로 호전 되었으며, 이것은 뇌세포에 원활하게 혈액을 제공하기에 충분합니다.

〈 의사 소견서 〉

〈 MRI 사진 〉

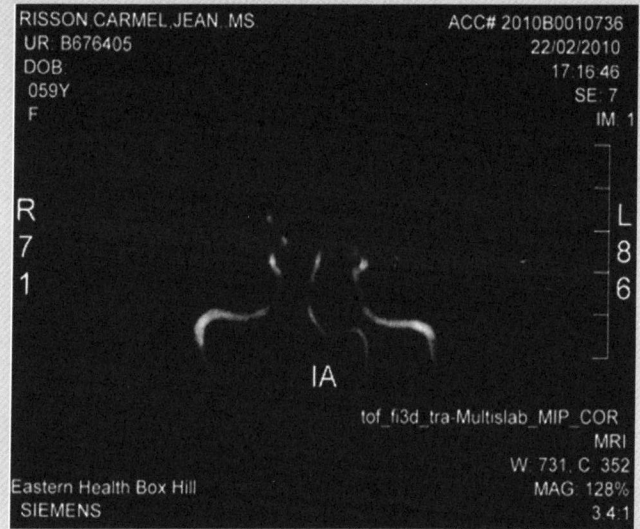
이전 - 뇌의 혈압이 증가되어 있는 것을 볼 수 있다.

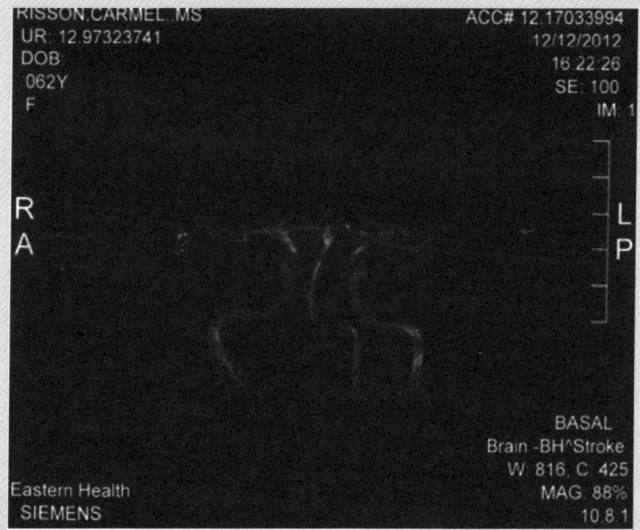
이후 - 뇌의 혈압이 정상으로 돌아와 뇌졸중 증상이 전혀 없음을 알 수 있다.

아담 목사님께 드립니다.

당신이 저의 10살 된 딸에 대하여 두 번 예언의 말씀을 주셨지요. "하나님께서는 당신의 딸에게 건전한 친구를 주실 겁니다." 딸아이의 친구는 오랫동안 R등급(성인등급)의 영화 '트와일라잇'(Twilight)을 보았습니다. 우리는 이것에 대해 염려를 하며 아이에게 같은 가치를 추구하는 친구를 사귀는 것이 중요하다고 조언해주기도 했습니다. 그런데 오늘 저녁, 딸아이가 성인영화나 쇼를 보지 않는 새로운 친구를 사귀게 되었다고 말해주었습니다.

그리고 당신은 한 가지 더 기도해주었습니다. "아이와 선생님과의 문제가 잘 해결될 것입니다." 당시 우리 아이는 담임선생님과 문제가 좀 있었습니다. 그런데 관계가 급속히 회복되어 졸업식에서 그 선생님이 딸아이에게 최고의 성적을 거둔 모범학생에게 주는 트로피를 주었습니다.

당신을 통해 일하신 하나님을 찬양합니다. 당신의 예언적 은사는 정확합니다. 우리는 당신을 한 번도 만난 적이 없었습니다. 그런데 당신은 우리의 상황을 향해 예언하였습니다. 하나님의 은혜의 강물이 당신을 통해 많은 사람들에게 흘러넘치게 됨을 인하여 하나님께 감사드립니다.

수지 | 미국 노스캐롤라이나 주 랠리

작년 1월(2012년)에 우리 아들과 며느리들이 필드오브드림즈교회의 예배에 참석하였습니다. 그때 아담 목사님이 그들을 불러내서 말씀을 주셨습니다. 특별히 장남과 며느리에게 "하나님께서 아이 한 명이 아니라 여러 자녀를 주실 것입니다"라고 하였습니다. 그런데 2주 후, 며느리는 자궁내막증이라는 진단을 받아 오직 한 개의 난소만이 기능할 수 있게 되었습니다. 임신이 거의 불가능하게 된 것입니다. 그러나 그들은 2주 전에 받은 말씀을 기억하면서 하나님을 신뢰하기로 결심하였습니다. 그리고 얼마 지나지 않아 며느리는 임신을 하게 되었습니다. 지난 주말이 임신 13주였습니다. 하나님은 정말 놀라우십니다!

주드 페이퍼 | 호주 남부 필드오브드림즈교회 성도

저는 녹내장을 앓고 있었습니다. 약 2년간 치료를 받았는데, 2010년 12월에 전문의가 눈의 압력이 높아지고 있다고 말해주었습니다. 이것은 좋지 못한 징조였습니다. 눈에 항상 모래가 끼인 듯한 느낌이 있었고, 이러한 느낌을 없애려고 눈을 자주 깜박거려야 했습니다.

그러다가 지난 2월(2011년)에 아담 목사님의 집회가 있었는데, 오

른쪽 눈에 문제가 있는 사람이 있다고 하시며 지식의 말씀을 선포하셨습니다. 저는 자리에서 벌떡 일어나 단상으로 나갔습니다. 목사님은 계속해서 말씀을 선포하였고, 저는 눈에 변화가 일어나는 것을 감지하였습니다. 그리고 더 이상 눈이 불편하지 않았습니다. 저는 "잘 보입니다. 눈이 편해졌어요"라고 대답하였습니다. 목사님은 저에게 돌아서서 회중을 향하여 다시 말하라고 하였습니다. 그래서 저는 감사한 마음으로 그렇게 하였습니다.

2주 후에 안과 전문의를 만나 다시 검사를 받았습니다. 그런데 놀랍게도 눈이 정상으로 돌아왔다는 결과가 나왔습니다. 의사는 자신의 처방으로 녹내장이 치료되었다고 생각하였습니다. 하지만 저는 주님이 저의 눈을 만지시고 치료해주심을 알고 있으며, 이로 인해 주님을 찬양합니다. 이것은 주님께서 행하신 일입니다.

제임스 풀리 | 호주 남부 필드오브드림즈교회 성도

몇 달 전(2012년 6월), 저는 필드오브드림즈교회의 임재예배에 참석했습니다. 당시 아담 목사님이 저에게 지식의 말씀으로 한 청년이 문을 지나 걷고 있다고 하셨습니다. 그리고는 자녀가 있느냐고 물었습니다. 저는 성인이 된 아들이 둘 있다고 대답했습니다. 그리고 첫째 아들이 하나님 나라에 들어올 것이라고 믿는다고 대답했습니다. 목사님은 그 아이를 위해 기도해주었고, 저도 두 아들의 구원을 위

해 기도하였습니다.

드디어 2주 전(2012년 11월), 첫째 아들이 그의 삶을 그리스도께 드렸습니다. 놀라운 일을 행하신 주님을 찬양합니다! 또한 하나님 아버지께 순종하는 아담 목사님께 감사드립니다.

아만다 포드 | 호주 남부

저는 어제 한 집회에서 말씀을 전하였습니다. 이 모임을 준비하면서, 저는 여기 캔버라에서 열렸던 당신의 집회를 기억하였습니다. 당시 당신은 지식의 말씀을 어떻게 선포하는지에 대해 말해주었습니다. 저는 그때까지 한 번도 지식의 말씀을 선포해본 적이 없었습니다. 그런데 그날 집회를 시작하기 전, 저는 하나님께서 지식의 말씀을 주시기를 기도하였습니다. 그러자 하나님께서는 매우 구체적인 말씀을 여러 사람들에게 주셨고, 7명의 사람들이 말씀에 반응하였습니다.

하나님은 놀랍습니다! 그리고 아담 목사님, 캔버라까지 와주셔서 감사합니다. 당신의 사역이 나를 격려하여 초자연적인 사역으로 이끌어주었습니다. 당신의 사역에 놀라운 하나님의 기름부음이 임하기를 기도합니다.

노아 무라니 | 호주 캔버라

저는 20년이 넘도록 소화기관에 문제가 있었습니다. 어떨 때는 고통이 커서 기절하기도 하였습니다. 한밤중에 심장이 떨리고 호흡이 힘들어져 땀을 쏟아내기도 했지요. 그러나 구급의료원들은 원인이 무엇인지 발견하지 못했습니다. 저는 그저 과민성장증후군이라고 생각했습니다. 처음 알레르기 검사를 받으러 갔을 때, 의사는 저에게 음식 알레르기는 없다고 하였습니다. 그러나 위와 장의 고통은 계속 되었습니다. 그래서 7년 전에 다시 알레르기 검사를 하였는데, 감자, 토마토, 콩, 닭고기, 소고기, 돼지고기, 효모, 사과, 땅콩에 대한 알레르기 반응이 나와 그 뒤로 이 음식들은 피했습니다.

밴쿠버의 클로버데일교회에서 열린 집회 둘째 날, 저는 아담 목사님을 만나기 위해 차례를 기다리고 있었습니다. 그런데 그가 앞사람을 위해 기도하다 말고는 "여기 땅콩 알레르기 있는 분 계세요?"라며 물었습니다. 저는 "여기요"라고 대답했습니다. 아담 목사님은 바로 나를 위해 기도했는데, 그때 하나님께서 알레르기를 치유하신다는 느낌을 받았습니다. 그날 저는 알레르기 검사를 하지 않고 그동안 피해왔던 음식들을 먹었습니다. 그런데 아무런 고통이 없었습니다. 아침에 일어나서 사과도 먹었습니다. 역시 문제가 없었습니다. 하나님께서 저를 완전히 치유해주신 것입니다. 하나님, 감사합니다. 그리고 아담 목사님 감사합니다.

타미 맥키 | 캐나다 밴쿠버

아담 목사님, 당신은 지난 집회에서 60대 후반인 한 여성을 향해 예언의 말씀을 주었습니다. 그녀에게 돈이 들어올 것이라고 말했지요. 그런데 집회가 끝나고 이틀 후에 그녀는 쇼핑센터에서 5천 달러를 받았습니다. 그 일로 그녀는 매우 놀랐습니다. 목사님, 오셔서 축복해주셔서 감사합니다.

앤드류 맥그래스 | 호주 빅토리아 호프씨티교회

얼마 전, 필드오브드림즈교회의 임재예배에서 당신이 저를 불러내었습니다. 지식의 말씀으로 한 사람의 어머니가 돌아가셨는데, 그녀의 보석 일부가 없어졌다는 것이었습니다. 그 말을 듣고 저는 단상으로 나갔습니다. 당시 어머니가 아끼시던 독특한 브로치가 사라져서 찾던 중이었기 때문입니다. 아버지와 어머니의 옷장과 가방, 보석함 등을 확인해 보았지만, 아무데서도 찾을 수 없었습니다. 그런데 오늘 그것을 어머니의 보석함에서 발견하였습니다. 하나님을 찬양합니다. 그분은 선하십니다. 목사님 감사합니다.

리비 커닝험 | 호주 남부 필드오브드림즈교회 성도

제가 체험한 기적과 기도응답을 기쁜 마음으로 나누고 싶습니다. 5-6개월 전, 저는 필드오브드림즈교회의 임재예배에 참석하고 있었습니다. 아담 목사님이 인도하셨는데, 지식의 말씀이 임하여 메드레인이라는 이름의 여성에 대한 말씀을 전했습니다. 그것은 제 딸의 이름이었지만, 당시 딸이 그 자리에 없어서 이름이 같은 사람이 있나 보다 생각했습니다. 그런데 목사님이 "그녀는 여기에 있는 분의 딸일 수도 있습니다"라고 말했습니다. 그 말을 듣고 저는 바로 단상으로 나가 기도를 받았습니다.

목사님은 혹시 딸이 유산을 한 적이 있는지, 자궁에 문제가 있는지 물었습니다. 저는 딸이 자궁내막증을 앓았다고 말했습니다. 아담 목사님은 바로 딸의 치료를 위해 기도하였는데, 그 순간 믿음이 살아 역사하는 것이 느껴졌습니다. 목사님은 담대하게 딸이 아이를 갖게 될 것이라고 선포하였습니다. "염려하지 말아요. 딸은 곧 아기를 갖게 될 것입니다." 저는 그 말을 믿었습니다. 다음날 딸에게 전화하여 이 소식을 전했을 때, 딸아이도 기쁨으로 그 말을 받았습니다. 저는 기뻐서 춤을 추었습니다. 그리고 당신에게 알려드리지요. 드디어 딸이 임신하였습니다. 이제 14주가 지났습니다. 모두 건강합니다. 예수님, 당신의 이름이 찬양을 받으시기 원합니다. 아멘.

페리타 웹 | 호주 남부, 2013년 2월 9일